职业技能等级认定学练丛书

铁路行李员　行李值班员

中国铁路呼和浩特局集团有限公司　编

中国铁道出版社有限公司

2024年·北京

内 容 简 介

本书为"职业技能等级认定学练丛书"之一。本书依据现行基本规章和作业标准,融入新技术、新设备、新工艺、新规章等知识,突出岗位作业实作技能和应急处置。内容涵盖铁路行李员和行李值班员的基本规章制度、安全规范、标准化作业、操作规程及应急处置等。全书采用问答的形式,注重基础性、针对性和实用性,紧密结合现场作业,符合现场需要。

本书可供铁路行李员和行李值班员培训与自学使用。

图书在版编目(CIP)数据

铁路行李员　行李值班员/中国铁路呼和浩特局集团有限公司编 . —北京:
中国铁道出版社有限公司,2024.5
(职业技能等级认定学练丛书)
ISBN 978-7-113-31245-9

Ⅰ.①铁…　Ⅱ.①中…　Ⅲ.①铁路运输-行李运输-职业技能-鉴定-教材
Ⅳ.①U293.2

中国国家版本馆 CIP 数据核字(2024)第 099912 号

书　　名:**铁路行李员　行李值班员**
作　　者:中国铁路呼和浩特局集团有限公司

责任编辑:于　秀　　　　　　　　　　编辑部电话:(010)51873044
封面设计:刘　莎
责任校对:刘　畅
责任印制:樊启鹏

出版发行:中国铁道出版社有限公司(100054,北京市西城区右安门西街 8 号)
网　　址:http://www.tdpress.com
印　　刷:北京联兴盛业印刷股份有限公司
版　　次:2024 年 5 月第 1 版　2024 年 5 月第 1 次印刷
开　　本:787 mm×1 092 mm　1/16　印张:14.25　字数:328 千
书　　号:ISBN 978-7-113-31245-9
定　　价:141.00 元

编 委 会

主　　任：丁宇坤

副 主 任：楚继宗　田春亮　陈立强　腾　克

　　　　　张传斌　高春元　魏秀琴　王武民

　　　　　薛福贵　马　焱

主　　编：田　楠

编　　委：刘慧敏　谢全军　薛　梅

前　　言

　　为进一步提高铁路职工教育培训的针对性和实效性，大力促进全局职工队伍岗位技能达标，2015年劳动和卫生部组织专业技术人员编写了"铁路特有工种操作技能鉴定学练丛书"。该丛书为同期职业技能鉴定培训提供了有力的支撑，在铁路高技能人才培养选拔、落实全员持证上岗制度和确保运输生产安全稳定发展方面发挥了重大的作用。

　　随着我国铁路建设的持续发展，新技术、新设备不断更新应用，铁道行业标准、《铁路技术管理规程》等规章标准相应提升变化，丛书的范围和内容已经不能适应新时代铁路职工职业技能等级认定培训学习需求，急需进行修订完善和扩充拓展。

　　党的二十大报告指出，深入实施人才强国战略。为落实二十大精神，集团公司在技能人才队伍培养方面推出了一系列的新举措。其中，丛书修订完善作为一项重要工作进行落实，在对62个铁路特有工种进行修订完善的基础上，将丛书拓展为90个铁路特有工种和8个通用工种，并更名为"职业技能等级认定学练丛书"。

　　"职业技能等级认定学练丛书"在编写内容上力求体现以"优化职业活动为导向，以提升职业技能为核心"为指导思想，以"国家职业标准""铁路特有工种技能培训规范""高速铁路岗位培训规范"等为标准，以客观评价职工操作技能水平为目标，力求知识的系统性、连贯性和精炼性，突出针对性、典型性和适用性。

　　"职业技能等级认定学练丛书"是铁路职工职业等级认定操作技能考试前培训和自学教材，对职工各类在职教育和考试也有重要的参考价值。

　　"职业技能等级认定学练丛书"的编写是一项系统性、全面性的工作，工作难度比较大。在丛书的编写和审定过程中得到了集团公司职培部、各业务部及有关单位的大力支持和帮助，在此表示感谢！由于编写水平有限，加之时间仓促，恳请读者提出宝贵意见和建议。

中国铁路呼和浩特局集团有限公司

2023年9月

目　录

铁 路 行 李 员

中 级 工

行 李 值 班 员

第一部分　中 级 工

第二部分　高 级 工

第三部分　技　师

铁 路 行 李 员

中 级 工

1. 托运动、植物时应提供哪些证明?

答:托运动、植物时应提出动、植物检疫证明。办理时,将检疫证明的二联附在运输报单上以便运输过程中查验。

2. 托运行李有何要求?

答:承运行李应要求旅客出具车票。市郊定期客票不能托运行李,铁路乘车证不能免费托运行李。

3.《国铁集团客规》①规定,发现将国家禁止、限制运输的物品或危险品夹带运输时,应如何处理?

答:将国家禁止、限制运输的物品或危险品夹带运输时,在发站取消托运,在中途站停止运送(在列车上发现危险品交前方停车站),均通知有关部门和旅客处理,已收运费不退,按该件全部重量另行加倍补收行李运费,核收保管费。

4. 行包遇票货分离、误装误卸造成误运时,应如何处理?

答:行包遇票货分离、误装误卸造成误运时,应及时处理,查清到站,编制记录转运正当到站。严禁积压,不得顶件、等货交换。

5. 铁路行李运输合同是什么? 运行中断对行李有何规定?

答:铁路行李运输合同是指铁路运输企业与旅客之间明确行李运输权利义务关系的协议。对发站已承运的行李应妥善保管,铁路运输企业组织绕道运输时,运费不补不退。

6.《国铁集团客规》的适用范围是什么?

答:《国铁集团客规》适用于中国国家铁路集团有限公司所属铁路运输企业和控股合资铁路公司在境内的铁路旅客运输。

7. 旅客如何领取行李?

答:旅客凭本人购票时使用的有效身份证件领取行李。他人代领时凭旅客购票时使用的

---

① 《中国国家铁路集团有限公司铁路旅客运输规程》的简称,下同。

有效身份证件和代领人有效身份证件领取。

8. 旅客如何选择行李保价？

答：行李分为保价运输和不保价运输，旅客可自主选择。

9. 承运凭书面证明免费托运的铁路砝码和衡器配件时，制票记事栏应该如何填记？

答：承运凭书面证明免费托运的铁路砝码和衡器配件时，应在包裹票记事栏内注明"衡器检修，免费"字样，收回书面证明报铁路局集团公司。

10. 承运需提出运输证明文件的物品时，应如何填记？

答：承运需提出运输证明文件的物品时，应将运输证明文件附在包裹票运输报单上以便途中和到站查验，并在包裹票记事栏内注明"附×（机关）×月×日发×号文件"。

11. 在车内或下车站，对超过免费重量的物品，应如何办理？

答：在车内或下车站，对超过免费重量的物品，其超重部分应自上车站至下车站补收行李运费。对不可分拆的整件超重、超大物品、活动物，按该件全部重量补收上车站至下车站行李运费。

12. 如何办理行李按保价运输？

答：按保价运输时，可分件声明价格，也可按一批全部件数声明价格。按一批办理时，不得只保其中一部分。

13. 旅客违规携带物品补收运费时，有何规定？

答：补收运费时，不得超过本次列车的始发站和终到站。不能判明上车站时，自始发站起计算。

14. 行李的包装有何要求？

答：行李的包装应当完整牢固，适合运输。其包装的材料和方法应符合国家或铁路运输企业规定的包装要求。包装不符合要求时，旅客应按照相关规定改善包装。旅客拒绝改善包装的，铁路运输企业可以拒绝承运。

15. 在国家铁路、合资铁路、地方铁路及特殊运价区段间行李、包裹运价计费标准有何规定？

答：国家铁路、合资铁路、地方铁路及特殊运价区段间办理行李、包裹直通运输的，执行国铁行李、包裹统一运价及相关计费标准，里程通算，运费在发站一次核收。

16. 办理承运自行车、助力车机动车、摩托车时,记事栏应如何填记?

答:承运自行车、助力机动车、摩托车时,应注明车牌名、车牌号、车型、新或旧等车况。

17. 《国铁集团客规》对客运记录有何规定?

答:在旅客或行李运输过程中因特殊情况,铁路运输企业与旅客之间需记载某种事项或车站与列车之间办理业务交接的纸质或电子凭证。

18. 广深港高速铁路跨境旅客运输不得带入列车内的物品有哪些?

答:(1)《广深港高速铁路跨境旅客运输组织规则》禁止和限制携带的物品。

(2)未使用纸箱等硬质包装妥善包装完整的自行车、带有自动力的轮式代步工具(电动轮椅除外)、平衡车。

19. 《铁路旅客运输管理规则》对装卸车有何要求?

答:装卸车时,必须先卸后装。装卸员要根据列车行李员指定的货位,分方向、按站顺装车,并做到大不压小,重不压轻,大件打底,小件放高,堆码整齐,巧装满载,便于清点。

20. 《铁路旅客运输管理规则》对搬运车使用有何要求?

答:使用搬运车时,拖挂车数限重车四辆、空车五辆,行驶不超速。堆码行包不超高、不超重、不超宽,绳索捆牢,不致甩落。

21. 车站对旅客遗失物品的处理有何规定?

答:车站应设失物招领处,对本站发现或列车移交的旅客遗失物品,要及时登记、妥善保管,并在12306网站或车站进行公告。失主来领取时,应查验有效身份证件,核对时间、地点、车次、品名、件数、重量,确认无误后,由失主签收。铁路运输企业可依据相关法律、行政法规和有关规定对保管的遗失物品核收保管费。鲜活易腐物品和食品不负责保管。

22. 应如何组织行李包裹运输?

答:(1)行李、包裹运输应按照先行李后包裹、先中转后始发和长短途列车分工,安全、经济的原则,合理、均衡地组织运输。

(2)行李应随旅客所乘列车装运或提前装运;包裹应尽量以直达列车或中转次数少的列车装运。对抢险救灾物资、急救药品、零星支农物资应优先安排装运。

23. 承运后交付前发生包装破损、松散时,承运人应如何处理?

答:承运后交付前发生包装破损、松散时,承运人应及时修整。修整后编制客运记录,详细记载破损原因、状况和整修后状态,并在行李、包裹运输报单的记事栏内注明"×站整修"加盖站名戳。

24.《国铁集团客规》制定依据是什么？

答：为维护铁路旅客运输正常秩序，保护铁路旅客运输合同各方当事人的合法权益，依据《中华人民共和国民法典》《中华人民共和国铁路法》《铁路安全管理条例》等法律、行政法规和《铁路旅客运输规程》《铁路旅客车票实名制管理办法》等有关规定，制定本运输规程。

25.《国铁集团客规》对行李的运到期限是如何规定的？

答：行李的运到期限以运价里程计算。从承运日起，行李 600 千米以内为 3 日，超过 600 千米时，每增加 600 千米增加 1 日，不足 600 千米也按 1 日计算。由于不可抗力等非铁路运输企业责任发生的停留时间加算在运到期限内。

26. 列车运行中断，旅客在中途站要求领取时，应如何办理？

答：旅客在中途站（行李办理站）要求领取时，应退还未运送部分的运费。不足起码运费按起码运费退还。对要求运回发站取消托运的，退还全部运费。

27. 如何划分列车上、下行？

答：列车运行，原则上以开往北京方向为上行，反之为下行。全国各线的列车运行方向，以国铁集团的规定为准，但枢纽地区的列车运行方向，由铁路局集团公司规定。列车须按规定编定车次，上行列车编为双数，下行列车编为单数。在个别区间，使用直通车次时，可与规定方向不符。

28. 不能随身携带乘车的物品有哪些？

答：为保障车站、旅客列车等公共场所内外整洁、空气清新，妨碍公共卫生的物品，能够损坏或污染车辆的物品，以及活动物（导盲犬和作为食品且经封闭箱体包装的鱼、虾、蟹、贝、软体类水产动物除外）不得随身携带乘车。

29. 行李的保管有何要求？

答：行李运到后从通知之日起，铁路运输企业免费保管 3 日，逾期到达的行李免费保管 10 日。因铁路运输企业责任和不可抗力等原因导致旅客行李延迟到达时，按延迟日数增加免费保管日数。超过免费保管期限时，按日核收保管费。

30. 旅客领取行李时发现行李短少或异状，应如何办理？

答：旅客领取行李时，如发现有短少或异状应在领取时及时提出。铁路运输企业应当认真检查、检斤复磅，必要时可会同公安人员开包检查。检查发现有损失时，应编制行包记录交旅客作为要求赔偿的依据。

31. 如何收取办理变更运输后产生的杂费？

答：办理变更运输后产生的杂费按实际产生的核收。如应退运费低于已产生的杂费时，则不补收杂费也不退还运费。但因误售误购车票时,如果旅客还托运了行李,补收或退还已收运费与发站至正当到站间的行李运费差额。

32. 对到达的行包作业有何要求?

答:到达行包核对票据,妥善保管,及时通知,准确验货,正确交付,按规定期限保管。对无法交付的行包及时公告,按规定处理。

33. 对承运的行包作业有何要求?

答:承运行包及时准确,品名相符,正确检斤、制票,运杂费收付无误,唱收唱付,不逾期、不破损、不丢失。

34. 对易碎品、流质物品或一级运输包装的放射性同位素的外包装有何要求?

答:易碎品、流质物品或一级运输包装的放射性同位素,外包装上粘贴或印制有安全标志;运输过程中发生行包包装松散、破损及时修整,并有记录、有交接。

35. 列车晚点 30 分钟应如何应对?

答:列车晚点 30 分钟以上时,根据调度通报,公告列车晚点信息,说明晚点原因、预计晚点时间,广播每次间隔不超过 30 分钟。电子显示屏实时显示。按规定办理退票、改签,协调市政交通衔接。

36.《普速大型车站服务质量规范》对执行行包运输方案有何规定?

答:执行行包运输方案。装卸列车时,先卸后装,按照列车行李员指定货位码放,使用规定印章办理站车交接。

37. 按保价运输的行李托运,应如何办理?

答:按保价运输的行李核收保价费。保价的行李发生运输变更时,保价费不补不退。旅客在承运后发送前取消托运或因铁路运输企业责任造成的取消托运时,保价费全部退还。行李发生损失并办理赔偿的,保价费不退。

38. 对办理停、限行包业务有何要求?

答:需停、限办理行包业务时,要从严掌握。停限办电报由铁路局集团公司及以上部门发布。限制局部或部分品类可以解决的,不得扩大限制范围。停限办电报,要有明确的起止日期。

39. 收货人向车站查找行李、包裹时,车站应如何办理?

答:收货人向车站查找行李、包裹时,应认真予以查找。未到时,在行李、包裹票背面记载查询日期。如已逾期,应向有关站段发电报查询。如已领取,应收取查询费。

40. 对无法交付的行李,车站应如何处理?

答:对无法交付的行李,铁路运输企业应登记造册,妥善保管。国家法律、行政法规规定不能买卖的物品应及时交有关部门处理。

41. 线路中断后,装运在途被阻的行包应如何办理?

答:已装运在途被阻的行李、包裹,列车折返时由折返局根据具体情况指定卸在折返站或临近较大车站(列车不折返、待命继续运行的不卸)。如折返区段均为中间小站时,可与邻局协商,返回邻局较大的车站卸下保管。线路恢复后,应优先装运被阻的行李、包裹,并在票据记事栏注明被阻日数,加盖站名戳。

42. 旅客托运行李应如何办理?

答:旅客凭有效车票和有效身份证件可在乘车区间行李办理站间托运一次行李,办理时需出示车票报销凭证。每张车票允许托运行李的重量为 50 千克(行李中有轮椅为 75 千克),超出部分按 2 倍的行李运费计费。

43. 线路中断后,根据托运人的要求,在发站和由中途站返回发站的行李、包裹取消托运时,应如何办理?

答:根据托运人的要求,在发站和由中途站返回发站的行李、包裹取消托运时,收回行李、包裹票,在旅客页和报单页记事栏注明"线路中断,取消托运",填开退款证明书退还全部运费并将收回的行李、包裹票附在退款证明书,报告页上报。

44. 行包变更,发站或新到站收到行包后应如何办理?

答:发站或新到站收到行包后,补收或退还已收运费与应收运费差额,核收变更手续费和保管费(保管费指行包运至发站、新到站超过 3 天,折返站 1 天或原到站自行包到达日起至收到电报日止产生的保管费。保管日数分别计算)。补收时以客运运价杂费收据核收,退还时使用退款证明书退款,原票贴在客运运价杂费收据或退款证明书报告页上报。

45. 因事故或不可抗力等原因而延长车票有效期的行李,应如何办理?

答:因事故或不可抗力等原因而延长车票有效期的行李,应按客票延期的日数延长行李免费保管的日数。超过免费保管日数,按规定核收保管费,出具保管费收据或填发客运运价杂费收据。遇特殊情况,车站站长有权减收保管费。

46. 什么情况下,铁路运输企业不承担行李赔偿?

答:铁路运输企业应当对承运的行李自接受承运时起到交付时止发生的灭失、短少、污染或者损坏,承担赔偿责任。因下列原因造成的行李损失,铁路运输企业不承担责任:

(1)不可抗力。

(2)物品本身的自然属性或合理损耗。

(3)包装方法或容器不良,从外部观察不能发现时。

(4)旅客违反铁路规章或其他自身的过错。

47. 铁路发现行李、包裹重量不符时,应如何办理?

答:到站发现行李、包裹重量不符,应退还时,开具退款证明书将多收款退还收货人;应补收时,开具客运运价杂费收据补收正当运费,同时开具客运记录附收回的行李、包裹票报铁路局集团公司收入部门,由铁路局集团公司收入部门列应收账款向检斤错误的车站再核收与应补运费等额的罚款。

48.《普速大型车站服务质量规范》对站台作业车辆有何规定?

答:进入站台的作业车辆及移动小机具、小推车不影响旅客乘降,不堵塞通道,不侵入安全线;停放时在指定位置,与列车平行,有制动措施;行驶或移动时,不与本站台的列车同时移动,不侵入安全线,速度不超过 10 千米/小时。无非作业车辆进入站台。

49. 什么是无法交付的物品?应如何保管?

答:无法交付物品是指无主的行李、包裹,旅客的遗失物品和无人领取的暂存物品。车站对无法交付的物品,应按其开始日期、来源、品名、件数、重量、规格、特征等登入无法交付物品登记簿内,登记簿内的编号、移交收据的编号及物品上的编号应一致,以便查找。

对无法交付物品应由专人分管,做到账物相符。物品在保管期间发生丢失、损坏时,可参照行李、包裹事故处理的有关规定办理。

50. 丢失的行李找到后,应怎样处理?

答:丢失的旅客行李找到后,铁路运输企业应迅速通知旅客领取,撤销赔偿手续,收回赔款。如旅客不同意领取时,按无法交付物品处理。如发现有欺诈行为不肯退回赔款时,可通过法律等手段追索。

51. 行李损失赔偿标准是什么?

答:按保价运输办理的行李全部灭失时按实际损失赔偿,但最高不超过声明价格。部分损失时,按损失部分所占的比例赔偿。分件保价的行李按所灭失该件的实际损失赔偿,最高不超过该件的声明价格。

未按保价运输的行李按实际损失赔偿,但最高连同包装重量每千克不超过 15 元。如由于铁路运输企业故意或重大过失造成的,不受上述赔偿限额的限制,按实际损失赔偿。

52. 发生行李损失,旅客应如何要求赔偿?

答:发生行李损失,旅客要求赔偿时,应在规定的期限内提出并应附下列材料:

(1)旅客有效身份证件、行李票。

(2)行包记录。

(3)证明物品内容和价格的凭证。

53. 客运人员作业时应如何立岗?

答:立岗姿势规范,精神饱满。站立时,挺胸收腹,两肩平衡,身体自然挺直,双臂自然下垂,手指并拢贴于裤线上,脚跟靠拢,脚尖略向外张呈"V"字形。女性可双手四指并拢,交叉相握,右手叠放在左手之上,自然垂于腹前;左脚靠在右脚内侧,夹角为45度呈"丁"字形。

54. 应如何受理旅客的咨询、求助、投诉?

答:受理旅客咨询、求助、投诉,专人负责,及时回应。实行首问首诉负责制,旅客问讯时,有问必答,回答准确;对旅客提出的问题不能解决时,指引到相应岗位,并做好耐心解释。接听电话时,先向旅客通报单位和工号。

55. 进入站台的作业车辆及移动小机具、小推车有何要求?

答:进入站台的作业车辆及移动小机具、小推车不影响旅客乘降,不堵塞通道,不侵入安全线;停放时在指定位置,与列车平行,有制动措施;行驶或移动时,不与本站台的列车同时移动,不侵入安全线,速度不超过10千米/小时。无非作业车辆进入站台。

56. 行包使用拖车应如何编挂?如何装载货物?

答:行包、邮政拖车的辆数重车(含混编)不超过4辆,空车不超过5辆,混编时重车在前、空车在后。装载的货物高度距地面不超过2米,横向宽度不得超出车体两侧各0.2米,重量不超过2吨,堆码整齐,绳索捆牢,不致甩落。四周护栏拖车运行中侧向护栏锁闭。

57. 《铁路电子支付运输收入管理试行办法》对铁路客货运输业务系统结账后,有何规定?

答:铁路客货运输业务系统结账后,不得办理票据的作废处理。办理退还票款、运杂费及相关费用时,均按原收款结算方式办理。违反规定造成经济损失的,由责任人赔偿。

58. 营业窗口结账有何要求?

答:营业窗口按日结账,每24小时为一个结账日。进款结账人员应及时进行对账,核对POS机打印的交易凭条、结算总计单、票据进款交接单、售票结账表、电子交易汇总表及明细表的进款金额是否相符。出现账款不符时,应填制"多少缴款凭证"按多少缴款处理。

59. 票据管理有何要求?

答:车务单位具体使用客货票据的人员要高度重视票据安全管理。要严格执行"人离加锁"制度,临时离开工作岗位,必须将制票机票仓锁闭;纸质客货票据放入票据柜内或办公桌内加锁。长时间离开须将全部票据锁入保险柜内。

60.《铁路旅客运输安全检查管理规则》中所称安检是指什么？

答:《铁路安全检查管理规则》所称安检是指所属铁路运输企业在客运车站、旅客列车对旅客和其他进站、乘车人员及其随身携带品、托运的行包快件进行禁止和限制物品检查的活动。铁路运输奇异可以采取多种方式进行安检。安检工作依法依规接受国家有关部门监督检查指导。

61. 漏装无票行李

202×年5月1日,包头站 K195 次列车开车后,行李员回库对货件时发现,包头站发往兰州站的行李1件,30千克,编织袋包装,票号:X020367,漏装;包头站发银川站的包裹1件,20千克,编织袋包装,票号:A012346,无票顶件装出。请包头站行李房拍发铁路电报,编制客运记录。

答:包头站拍发铁路电报通知列车及相关车站(票例 1-1-1),将漏装货件编制客运记录补运兰州站(票例 1-1-2)。

铁 路 传 真 电 报

签发:　　　　　核稿:　　　　　拟稿人:
　　　　　　　　　　　　　　　　电话:

发报所名	电报号码	等级	受理日	时 分	收到日	时 分	值机员
	×						

主送单位: 包头客运段安全乘务科

抄送单位: 银川、兰州站行李房

报　文:
　　202×年5月1日,K195次装车顶件。我发兰州行李1件,30千克,编织袋包装,票号:X020367,漏装。我发银川包裹1件,20千克,编织袋包装,票号:A012346,无票顶件装出,请接电后将该件记录交到站。漏装件随后补运,特此声明。

　　　　　　　　　　　包头站行李员 × 印
　　　　　　　　　　　202×年×月×日

第1页

票例 1-1-1

呼和浩特局集团公司　　　　客统—1

客 运 记 录

第　　×　　号

记录事由：票货分离

记录内容：

　　202×年5月1日，K195次我站漏装我发你行李1件，30千克，票号：X020367，编织袋包装。我站已发电报声明，现记录运你站，请查收。

注：
　　1.站、车需要编制记录时均适用。
　　2.本记录不能作为乘车凭证。

包头 站段　编制人员　　行李员㊞　　（印）

　　　站段　签收人员　　　　　　　（印）

202×年　×　月　×　日编制

票例 1-1-2

62. 判定是否可按行李办理

202×年5月1日旅客李×持202×年5月3日K41次列车北京—包头的车票1张，到北京站办理行李托运，托运货物经查验为发卡2箱，60千克。北京站可否按行李办理？依据是什么？北京站应按什么类别办理？

答：(1)北京站不可以按行李办理。

(2)依据：《国铁集团客规》第六十三条规定，行李是旅客凭车票托运的一定限度的旅行必需品。

(3)发卡不是旅行必需品，北京站应该按三类包裹办理。

63. 漏装包裹

202×年5月17日,K598次列车(包头—广州)在包头站装车210件,实际装车210件,双方办理了交接手续,回库核对发现,漏装包头站发长沙站药品10件中的1件,5千克,纸箱,票号:A065034。无票装出临河发武昌1件,药品,纸箱包装,3千克,票号:B002345。包头站应如何办理?依据是什么?

答:(1)包头站将漏装件编制客运记录(票例1-1-3)补运长沙站,拍发铁路电报(票例1-1-4)通知列车及相关车站。

(2)依据《铁路旅客运输管理规则》第一百四十一条规定,行包遇有票货分离,误装误卸造成误运时,应及时处理,查清到站,编制记录转运正当到站。严禁积压,不得顶件,等货交换。

呼和浩特局集团公司　　　　客统—1

客 运 记 录

第　　×　　号

记录事由:	票货分离
记录内容:	

长沙站行李房:

202×年5月17日,K598次列车我站漏装我发你药品1件,5千克,票号:A065034,纸箱包装。我站已发电报声明,现记录运你站,请查收。

注:
1.站、车需要编制记录时均适用。
2.本记录不能作为乘车凭证。

包头 站段 编制人员　　行李员㊞　　(印)

站段 签收人员　　　　　　　　(印)

202×年　5　月　17　日编制

票例1-1-3

铁 路 传 真 电 报

签 发:		核 稿:			拟稿人:		
					电 话:		

发报所名	电报号码	等级	受理日	时 分	收到日	时 分	值机员
	×						

主送单位: 包头客运段安全乘务科

抄送单位: 长沙、武昌站行李房

报　　文:

　　202×年5月17日，K598次列车装车顶件，我发长沙药品1件，5千克，票号：A065034，纸箱包装，漏装。临河发武昌药品1件，纸箱包装，3千克，票号：B002345，无票顶件装出，请接电后将该件记录交到站。漏装件随后补运，站车办理交接，特此声明。

包头站行李员×（印）

202×年5月17日

第1页

票例 1-1-4

64. 夹带现金

202×年5月22日旅客李×持临河—成都的K195次车票1张，托运行李1件到成都站，30千克。行李包内夹有1万元人民币纸币，请问临河站可以按行李托运吗？依据是什么？

答：(1)临河站应该请旅客李×将现金和身份证取出后，按行李托运。

(2)依据:《国铁集团客规》《国铁集团客规》第六十四条规定，行李中不得夹带的物品："1. 货币(含各币种的纸币和金属辅币)……"

第六十六条规定，旅客凭有效车票和有效身份证件可在乘车区间行李办理站间托运一次行李，办理时需出示车票报销凭证。每张车票允许托运行李的重量为50千克(行李中有轮椅为75千克)，超出部分按2倍的行李运费计费。

65. 取消托运

202×年5月18日，旅客王×自郑州站托运到上海站行李3件，45千克，票号：C020010。托运当日装车前，旅客要求将行李取消托运。郑州站应如何办理？

解：《国铁集团客规》第八十三条规定，旅客在办理行李托运手续后，可按如下规定办理一次行李变更手续；办理行李变更手续的到站、中止站必须是行李办理站："1. 在发站装运前取消托运时，退还全部运费，核收保管费……"

郑州站退还全部运费，核收 1 日保管费。

66. 携带导盲犬

旅客李×是视力正常旅客，持呼和浩特东—北京北的车票，想携带导盲犬（导盲犬证件齐全）进站上车，呼和浩特东站应如何办理？

答：《国铁集团客规》第二十七条规定，视力残疾旅客可以携带取得导盲犬工作证（载有导盲犬使用者信息，盖有公安部门或残疾人联合会公章，或带有国际导盲犬联盟标识"IGDF"），用于辅助视力残疾人工作、生活的导盲犬进站乘车。旅客进站、乘车时，需主动出示残疾人证、导盲犬工作证、动物健康免疫证明等证件，携带的导盲犬接受安全检查。

呼和浩特东站应拒绝携带导盲犬进站上车。

67. 拒绝配合安全检查

202×年 6 月 27 日，旅客李×持 202×年 6 月 29 日 K42 次列车呼和浩特东—北京的车票，在呼和浩特东站托运行李 2 箱，40 千克，工作人员办理时发现，车票信息旅客姓名为刘×，旅客无法提供刘×的有效身份证明，拒绝配合安全检查。呼和浩特东站应如何办理？

答：《国铁集团客规》第六十七条规定，行李托运实行实名制，办理行李托运时，铁路运输企业应核验旅客车票和有效身份证件的一致性，他人代办时还应出示代办人的有效身份证件。铁路运输企业应当依照法律、行政法规和有关规定，对旅客托运的行李进行安全检查。对不配合安全检查的，铁路运输企业有权拒绝承运。

呼和浩特东站应拒绝按行李托运。

68. 行李计费

202×年 4 月 1 日，旅客王×持当日 T389 次列车（邯郸—重庆）车票 1 张，票号：A035648，在邯郸站托运编织袋内装被褥 1 件，27 千克，声明价格 300.00 元；手提包内装旅行必需品 1 件，15 千克，声明价格 200.00 元。请邯郸站计算运输费用，写清计算过程。（邯郸—重庆 1 644 千米）

解：邯郸—重庆 1 644 千米

（1）行李运费。

$(27+15)×0.761=31.96≈32.00$（元）

（2）保价费。

$(300.00+200.00)×0.5‰=2.50$（元）

（3）杂费。

装车费：$2.00×2=4.00$（元）

卸车费:2.00×2=4.00(元)

标签使用服务费:2×0.50=1.00(元)

合计:32.00+2.50+4.00+4.00+1.00=43.50(元)

69. 有票无货拍发铁路电报

202×年7月26日,K573次列车包头站应卸行包72件,实卸70件,我站与列车按实数办理交接,回库复核发现北京西站发临河站药品2件,36千克,票号:A060732,有票无货。包头站应该如何拍发铁路电报?

答:包头站应该在卸车后2小时之内,拍发该货有票无货的铁路电报(票例1-1-5)声明。

铁 路 传 真 电 报

签 发:　　　　　　核 稿:　　　　　　拟稿人:

电 话:

发报所名	电报号码	等级	受理日	时 分	收到日	时 分	值机员
	×						

主送单位:　包头客运段安全乘务科

抄送单位:　北京西、临河站行李房

报 文:

　　202×年7月26日K573次列车在我站应卸行包72件,实卸70件。入库核对少北京西站发临河站药品2件,36千克,票号:A060732,有票无货。站车办理交接,特此声明。

包头站行李员×㊞

202×年7月26日

第1页

票例1-1-5

70. 行李是否逾期

202×年3月19日,旅客李×持202×年持3月20日K1278次列车包头—石家庄的车票1张,在包头站行李房办理了行李托运手续。包头站装23日K1278次列车,24日到达石家庄

站,请计算该批行李的运到期限为几日？是否逾期？逾期几日？（包头—石家庄 1 099 千米）

答:(1)《国铁集团客规》第七十四条规定,行李的运到期限以运价里程计算。从承运日起,行李 600 千米以内为 3 日,超过 600 千米时,每增加 600 千米增加 1 日,不足 600 千米也按 1 日计算。由于不可抗力等非铁路运输企业责任发生的停留时间加算在运到期限内。

包头—石家庄 1 099 千米,该批行李的运到期限为 3+1=4（日）。

(2)该批行李已逾期。

(3)该批行李的承运时间是 202×年 3 月 19 日,到达时间是 202×年 3 月 24 日,逾期 2 日。

71. 运到期限

202×年 8 月 1 日,旅客李×从北京站托运到包头站行李 3 件,共 30 千克。托运当日北京站装 K41 次列车;2 日列车运行在集宁站时,前方发生水害,列车在集宁南站停车;3 日线路恢复后从集宁南站开出,当日到达包头站。请问该批行李的运到期限是几天？是否逾期？（北京—包头 697 千米）

答:(1)《国铁集团客规》第七十四条规定,行李的运到期限以运价里程计算。从承运日起,行李 600 千米以内为 3 日,超过 600 千米时,每增加 600 千米增加 1 日,不足 600 千米也按 1 日计算。由于不可抗力等非铁路运输企业责任发生的停留时间加算在运到期限内。

北京—包头 697 千米,该批行李的运到期限 3+1=4（日）。因水害停留一天,实际该批包裹的运到期限为 4+1=5（日）。

(2)该批行李未逾期。

72. 托运残疾人用车计费

202×年 6 月 14 日,旅客李×持 6 月 15 日 K195 次列车包头—临河车票 1 张,到包头站行李房托运皮箱 3 件,60 千克,内装随身衣物和旅行必需品;残疾人用车 1 辆,25 千克。包头站应如何计费？

答:《国铁集团客规》第六十六条规定,旅客凭有效车票和有效身份证件可在乘车区间行李办理站间托运一次行李,办理时需出示车票报销凭证。每张车票允许托运行李的重量为 50 千克(行李中有轮椅为 75 千克),超出部分按 2 倍的行李运费计费。

包头站应为旅客办理行李托运手续,其中 75 千克按照行李运费计费,超出的 10 千克部分按 2 倍的行李运费计费。

73. 行李超重

202×年 6 月 14 日,旅客李×持 6 月 13 日 K195 次列车包头—临河车票 1 张,到包头站行李房托运皮箱 3 件,60 千克,内装随身衣物和旅行必需品。包头站应如何计费？

答:《国铁集团客规》第六十六条规定,旅客凭有效车票和有效身份证件可在乘车区间行李办理站间托运一次行李,办理时需出示车票报销凭证。每张车票允许托运行李的重量为 50 千克(行李中有轮椅为 75 千克),超出部分按 2 倍的行李运费计费。

旅客所持车票非有效车票,不能按行李办理托运手续,包头站应按 60 千克三类包裹办理托运。

74. 夹带禁限品 A

202×年 5 月 1 日,大连钢窗厂职工王×在大连站托运至根河站配件 2 件,50 千克。在大连站安检时发现:1 件,12 千克全部是淫秽光碟;1 件,38 千克,夹带汽油 10 千克。请问大连站应如何处理?

解:《国铁集团客规》第八十六条规定,将国家禁止、限制运输的物品或危险品夹带运输时,在发站取消托运,在中途站停止运送(在列车上发现危险品交前方停车站),均通知有关部门和旅客处理,已收运费不退,按该件全部重量另行加倍补收行李运费,核收保管费。

大连站应将该批包裹全部扣留,通知有关部门处理。

75. 超量携带禁限品

202×年 8 月 1 日,旅客李×持 G5607 次列车深圳北—香港西九龙车票,随身携带标记为 1 200 瓦时的充电宝 1 块,携带标记为 250 毫升自喷压力的摩丝 1 瓶,坚持要携带充电宝和摩丝从深圳北站进站乘车。深圳北站应如何处理?

答:《广深港高速铁路跨境旅客运输组织规则》第十一条规定,拒绝运输。"对有下列行为的旅客,站、车均可拒绝其上车或责令其下车,并有权登记其身份信息。……(五)不接受安全检查,坚持携带或夹带禁止、限制物品的。旅客如已购买车票,在发站退还票价核收退票费;在中途站未使用至到站的票价不予退还,运输合同即行终止。情节严重的送交执法部门处理……"

《铁路旅客禁止、限制携带和托运物品目录》第三条规定,限制随身携带的物品:"……(四)冷烫精、染发剂、摩丝、发胶、杀虫剂、空气清新剂等自喷压力容器,单体容器容积不超过 150 毫升,每种限带 1 件,累计不超过 600 毫升。……(六)标志清晰的充电宝、锂电池,单块额定能量不超过 100 瓦时,含有锂电池的电动轮椅除外……"

因旅客坚持要携带充电宝和摩丝从深圳北站进站乘车,深圳北站可以拒绝运输,退还票价核收退票费。

76. 托运自行车计费

202×年 5 月 12 日,旅客李×到包头站托运到北京站的自行车 1 辆,10 千克,服装 1 件,15 千克。包头站应如何计费?

答:《铁路客运运价规则》第二十条规定,行李、包裹均按物品重量计算运价,但有规定计价重量的物品按规定重量计价。自行车每辆规定计价重量 25 千克。

包头站按照三类包裹办理托运,计价重量为 25(自行车)+15=40(千克)。

77. 保价费计费

202×年 6 月 14 日,旅客李×持 6 月 13 日 K195 次列车包头—临河车票 1 张,到包头站行李房托运皮箱 1 件,15 千克,保价 500.00 元。内装随身衣物和旅行必需品。自行车 1 辆,

10 千克,保价 700.00 元。包头站应如何收取保价费?

答:《铁路客运运价规则》第二十四条规定,按保价运输的行李、包裹核收保价费。行李保价费按声明价格的 0.5%、包裹保价费按声明价格的 1% 计算。

(1)行李保价费。

500.00×0.5%=2.50(元)

(2)自行车保价费。

700.00×1%=7.00(元)

78. 站车未办交接手续

202×年 3 月 6 日,K195 次列车临河站计划装行包 76 件,实际装 76 件(到站乌海站 6 件,到站成都站 12 件,到站兰州站 58 件)。因列车行李员未点清件数,站车未办交接手续,临河站应如何办理?(列车由包头客运段呼和浩特乘务室担当)

答:临河站应在列车开车后拍发行包正确装车,站车未办交接的铁路电报(票例 1-1-6)声明。

铁 路 传 真 电 报

签 发:　　　　　　核　稿:　　　　　　拟稿人:
　　　　　　　　　　　　　　　　　　　　电话:

发报所名	电报号码	等级	受理日	时　分	收到日	时　分	值机员
	×						

主送单位:　包头客用段安全乘务科

抄送单位:　乌海、兰州、成都站行李房

报　　文:

　　202×3 月 6 日 K195 次列车,我站计划装车 76 件,实际装车 76 件,其中乌海站 6 件,兰州站 58 件,成都 12 件,票货相符,包装完好,正确装出,因列车行李员未点清件数,站车未办交接,特此声明。

临河站行李员×㊞
202×年 3 月 6 日

第 1 页

票例 1-1-6

79. 包裹重量不符

202×年6月10日,呼和浩特站交付6月8日成都站—呼和浩特东行李2件,30千克,票号:X000483,K998次列车装运,发现重量不符,经复磅确认为50千克。呼和浩特东站应如何拍发铁路电报?(超重部分客运运价杂费收据000001号补收运费9.80元)

答:呼和浩特站拍发铁路电报(票例1-1-7)。

铁 路 传 真 电 报

签　发:			核　稿:		拟稿人:		
					电　话:		

发报所名	电报号码	等级	受理日	时　分	收到日	时　分	值机员
	×						

主送单位:　成都站行李房

抄送单位:　成都局集团公司收入处

报　文:

　　202×年6月8日,你发我行李2件,30千克,票号:X000483,我站交付时发现重量不符,经复磅确认为50千克。6月10日我站客运运价杂费收据000001号补收重量不符9.80元,特电声明。

呼和浩特东站行李员㊞
202×年6月10日

第1页

票例1-1-7

80. 票货不符

202×年6月8日,K597次列车到达呼和浩特东站,应卸行包156件,实卸行包156件,站车双方办理交接手续。车站对所卸进行核对时,发现票货不符,广州—呼和浩特东行李2件(皮箱1件,16千克;纸箱1件,34千克),票号:E006007,少1件皮箱。多广州站发乌海站配件

1件,16千克,票号:C006421,无票。呼和浩特东站应如何拍发铁路电报?(K597次包头客运段担当)

答:呼和浩特东站拍发铁路电报(票例1-1-8)声明。

铁 路 传 真 电 报

签 发:	核 稿:	拟稿人:
		电 话:

发报所名	电报号码	等级	受理日	时 分	收到日	时 分	值机员
	×						

主送单位: 包头客运段

抄送单位: 广州站、乌海站行李房

报 文:

202×年6月8日K597次在我站卸车顶件,广州发乌海配件1件,16千克,票号:C006421号,有货无票,少广州发我行李E006007号2件之1,皮箱包装,16千克,特电声明。

呼和浩特东站行李员 × 印
202×年6月8日

第1页

票例1-1-8

81. 托运残疾人用车

202×年6月14日,旅客持6月15日K42次列车包头—北京车票1张,到包头站行李房托运皮箱2件,90千克,内装随身衣物和旅行必需品;残疾人用车1辆,38千克,所有物品都不保价。包头站应如何办理?(包头—北京 824千米,缺项自设)

答:(1)《国铁集团客规》第七十四条规定,行李的运到期限以运价里程计算。从承运日起,行李600千米以内为3日,超过600千米时,每增加600千米增加1日,不足600千米也按1日计算,由于不可抗力等非铁路运输企业责任发生的停留时间加算在运到期限内。

包头—北京 824千米,该批行李的运到期限为3+1=4(日)。

(2)《国铁集团客规》第六十六条规定,旅客凭有效车票和有效身份证件可在乘车区间行李办理站间托运一次行李,办理时需出示车票报销凭证。每张车票允许托运行李的重量为 50 千克(行李中有轮椅为 75 千克),超出部分按 2 倍的行李运费计费。

《铁路客运运价规则》第二十条规定,行李、包裹均按物品重量计算运价,但有规定计价重量的物品按规定重量计价。残疾人用车每辆规定计价重量 25 千克。

1 张有效客票可托运 50 千克行李,超过部分 90−50＝40(千克)按行李运价 2 倍计算。残疾人用车按 25 千克计算。

①运费。

$0.435×50+0.435×25+0.435×(90−50)×2＝67.425≈67.40$(元)

②杂费。

装车费:$3×2.00＝6.00$(元)

标签使用服务费:$3×0.50＝1.50$(元)

卸车费:$3×2＝6.00$(元)

合计:$67.40+6.00+1.50+6.00＝80.90$(元)

③包头站填制行李票(票例 1-1-9)。

82. 夹带证件 A

202×年 3 月 14 日,旅客持 3 月 15 日 K42 次列车包头—北京车票 1 张,到包头站行李房托运行李:编织袋 1 个,10 千克,内装随身衣物和户口簿,声明价格 100.00 元;纸箱 1 个,5 千克,内装旅行必需品,声明价格 100.00 元。包头站应怎样办理?(包头—北京 824 千米,缺项自设)

答:《国铁集团客规》第六十四条规定,行李中不得夹带的物品:"……5. 档案材料,指人事、技术档案,组织关系,户口簿或户籍关系,各种证件、证书、合同、契约等……"

户口簿不能在行李中夹带,包头站应要求托运人取出。

(1)包头—北京 824 千米,该行李运到期限为 $3+1＝4$(日)。

(2)运费。

$(5+10)×0.435＝6.525≈6.50$(元)

(3)保价费。

$(100+100)×0.5‰＝1.00$(元)

(4)杂费。

装车费:$2×2.00＝4.00$(元)

标签使用服务费:$2×0.5＝1.00$(元)

卸车费:$2×2.00＝4.00$(元)

合计:$6.50+1.00+4.00+1.00+4.00＝16.50$(元)

包头站填制行李票(票例 1-1-10)。

呼和浩特局集团公司

行 李 票

甲

（报告）

A000000

20 2× 年 6 月 14 日

到 北京 站 　　　　经由 站

旅客乘坐 6 月 15 日 K42 次车到站北京 客票号

旅客姓名	李×			共 1 人	电 话：×
住 址	×			邮政编码：×	

顺号	包装种类	件数	实际重量	声明价格	运价里程		824	千米
					运到期限		4	日
1	皮箱	2	90		计重费量	规重	75	千克
2	残疾人用车	1	38			超重	40	千克
					运 费		67.40	元
					保价费			元
					杂项计		13.50	元
					合 计		80.90	元
					月 日		次列车到达	
合 计		3	128		月 日		交 付	

记事	杂项：装车费6.00元，卸车费6.00元，货签使用服务费1.50元。

包头 站行李员 ×印 （印）

X0000000000000

行李票号码:A000000

票例 1-1-9

	呼和浩特局集团公司		甲
A000000	**行 李 票**		（报告）

20 2 × 年 3 月 14 日

到 ....北京........ 站　　　　经由 .... 站

旅客乘坐　3　月　15　日　K42　次车到站北京　客票号

旅客姓名	李×			共　1　人电　话：×			
住　址	×			邮政编码：　×			

顺号	包装种类	件 数	实际重量	声明价格	运价里程	824	千米
					运到期限	4	日
1	编织袋	1	10	100.00	计重费量　规重	15	千克
2	纸箱	1	5	100.00	超重	0	千克
					运　费	6.50	元
					保价费	1.00	元
					杂项计	9.00	元
					合　计	16.50	元
					月　　日	次列车到达	
合　计		2	15	200.00	月　　日	交　付	

记事	杂项：装车费4.00元，卸车费4.00元，货签使用服务费1.00元。

........包头........ 站行李员 .... ×印　㊞

X0000000000000　　　　　　行李票号码：A000000

票例 1-1-10

83. 鲜花交付时重量短少

202×年 5 月 10 日,旅客李×到乌鲁木齐站领取包裹,票面记载品名:鲜花,包装:编织袋,2 件,98 千克,保价 20 000.00 元。该旅客在包头站交付地点复磅重量为 97 千克,重量短少,要求赔偿。乌鲁木齐站应如何赔偿?

答:《国铁集团客规》第九十八条规定,铁路运输企业应当对承运的行李自接受承运时起到交付时止发生的灭失、短少、污染或者损坏,承担赔偿责任。因下列原因造成的行李损失,铁路运输企业不承担责任:"……2. 物品本身的自然属性或合理损耗……"

重量减少属于物品本身的自然属性或合理损耗,乌鲁木齐站不予赔偿。

84. 装车前取消托运 A

202×年 2 月 20 日,徐州制药厂李×在徐州站托运至重庆站西药 5 箱,200 千克;21 日,托运人到徐州站办理取消托运(该批包裹未装车)。徐州站应如何办理?

答:包裹托运后至装车前,托运人要求取消托运时,车站应收回包裹票注销,注明"取消托运"字样。办理时,另以车站退款证明书办理退款,收回的行李、包裹票报销联随车站退款证明书上报。因取消托运发生的各项杂费另填发客运运价杂费收据核收,并将客运运价杂费收据号码及核收的费用名称、金额填注在取消托运的行李、包裹票上。

徐州站收回包裹票注销,记事栏注明"取消托运"。填制退款证明书,退还全部运费,收回的行李、包裹票报销联随车站退款证明书上报。另用客运运价杂费收据核收变更手续费和保管费。

变更手续费:5.00 元

保管费:5 件 2 日,5×2×3.00＝30.00(元)

合计:5.00＋30.00＝35.00(元)

85. 行李变更到站

202×年 5 月 24 日,广州站一名旅客李×持当日 K600 次列车广州—包头客票 1 张,托运到包头站行李 2 件,50 千克,保价 800.00 元,运费 62.20 元。旅客将客票到站变更到呼和浩特站,未同时办理行李变更手续。26 日行李到达包头站并通知旅客。6 月 2 日旅客到包头站领取行李时,包头站应如何收费?

答:依据《国铁集团客规》第八十五条规定,旅客办理变更到站或退票后,未同时办理行李变更手续时,由到站另行收取两倍行李运费。

(1)包头站补收运费。

62.20×2＝124.40(元)

(2)包头站核收保管费。

5 月 26 日到达包头站,6 月 2 日包头站领取,包头站保管 8 日,免费保管 3 日,包头站核收 5 日保管费:5×2×3.00＝30(元)。

86. 保价运输计费

202×年5月22日,旅客李×持包头—兰州 K195 次列车(呼和浩特—成都)车票1张,票号:E014211,托运到宝鸡站行李1件,35千克,声明价格700.00元。请包头站计算运费和保价费。(包头—兰州 979 千米,兰州—宝鸡 503 千米)

解:(1)运费。

①包头—兰州 979 千米,按行李计费。

35×0.491=17.185≈17.20(元)

②兰州—宝鸡 503 千米,按三类包裹计费。

35×0.707=24.745≈24.70(元)

合计:17.20+24.70=41.90(元)

(2)保价费。

一段行李、一段包裹托运时,全程按行李核收保价费。

700×0.5‰=3.50(元)

87. 托运代步车

202×年5月22日,旅客李×(腿部有残疾)在包头站持有效客票托运到沈阳北站的代步用车1辆(电动车),重量为150千克,车体长350厘米,宽150厘米,高100厘米。旅客要求按照行李托运。包头站可否按行李托运?

答:《国铁集团客规》第六十五条规定,行李每件的最大重量为50千克,外部尺寸长、宽、高之和最大不超过200厘米,最小不小于60厘米。行李一般随旅客所乘列车运送或提前运送。行动不便旅客在旅行中使用的轮椅可按行李托运。

旅客托运的代步车辆(电动车)不可拆分,重量、尺寸超过行李托运的标准,包头站不可按行李托运。

88. 行李重量不符

202×年6月10日,交付6月8日由石家庄—包头行李2件(30千克,票号:X000483,K1277次列车装运)时,发现重量不符,经复磅确认为50千克。包头站应如何办理?(石家庄—包头 1 036 千米)

答:到站发现重量不符应补收时,只补收超重部分正当运费。

包头站应填制客运运价杂费收据(票例1-1-11)补收运费,并拍发铁路电报(票例1-1-12)。

补收石家庄—包头,超重20千克行李的运费,行李运价0.526元/千克。

20×0.526=10.52≈10.50(元)

89. 夹带危险品

202×年5月2日,郑州站发烟台站配件3件,100千克,保价500元,票号:S056007,木箱包装,装当日1132次列车。3日,列车行李员发现该货有汽油味,疑为内有汽油,编012号客

丙

呼和浩特局集团公司

客运运价杂费收据

20 2× 年 6 月 10 日　　　　（报告用）

原票据	种别	日期	202×年6月8日	月 日 时到达、通知、变更		
	行李票	号码	X000483	月 日 时 交 付		
		发站	石家庄			
		到站	包头	核收保管费		日

核 收 区 间	核 收 费 用			款 额
	种别	件数	重量	
自　石家庄　站	补超重	2	20	10.50
至　包头　站				
经由（　／　）				
席别　　人数				
	合　计			10.50

记事	票面记载30千克，实重50千克，超重20千克。

………………… 站经办人　　×印　　　印

E003546

票例 1-1-11

运记录卸至泰山站，经查，其中 1 件，50 千克，内有 40 千克汽油，泰山站应如何办理？（郑州—泰山　515 千米，托运人 5 月 5 日到泰山站处理）

答：泰山站处理如下：

（1）危险品伪报品名托运时，在中途站停止运送，拍发铁路电报（票例 1-1-13）通知发站转告托运人前来领取，运费不退，并对品名不符货件按实际运送区间补收四类包裹运费。

将该批包裹扣留，将危险品交泰山车站铁路派出所，拍发电报通知郑州站，转告托运人前来处理。

（2）泰山站填制客运价杂费收据（票例 1-1-14），收取运杂费。

①已收运费不退。

②补收郑州—泰山　515 千米，1 件 50 千克四类包裹运费。

$0.967 \times 50 = 48.35 \approx 48.40$（元）

铁 路 传 真 电 报

签 发:		核 稿:			拟稿人:		
					电 话:		

发报所名	电报号码	等级	受理日	时 分	收到日	时 分	值机员
	01					17：00	

主送单位： 石家庄站行李房

抄送单位： 北京局集团公司客运部

报　文：

　　202×年6月8日，你发我行李2件30千克，票号：X000483，我站交付时发现重量不符，经复磅重50千克。10日，我站用E003546号客运运价杂费收据补收超重10.50元，特电声明。

包头站行李员×㊞
202×年6月10日

第1页

票例 1-1-12

③杂费。

保管费(3日卸泰山站，5日交付，泰山站包管3日)：3×3×3.00＝27.00(元)

卸车费：2×3＝6.00(元)

合计：48.40＋27.00＋6.00＝81.40(元)

90. 装车前取消托运 B

　　202×年4月18日，货主王×从包头站托运到二连站配件3件，45千克。19日该货物未装车前，托运人要求取消托运，包头站应如何办理？(包头—二连　656千米)

　　答：(1)应退运费：包头—二连　656千米，45千克三类包裹运费，三类包裹运价0.908元/千克。

　　45×0.908＝40.86≈40.90(元)

　　(2)包头站收回包裹票注销，注明"取消托运"。填写退款证明书退还全部运费，收回的包裹票报销联随车站退款证明书上报，保价费不退，另用客运运价杂费收据核收变更手续费和保管费，并将客运运价杂费收据号码及核收的费用名称、金额填注在取消托运的包裹票上。

铁 路 传 真 电 报

签 发：　　　　　　核 稿：　　　　　　拟稿人：

电 话：

发报所名	电报号码	等级	受理日	时　分	收到日	时　分	值机员
	×					17：00	

主送单位：　郑州站行李房

抄送单位：　烟台站行李房，济南、郑州局集团公司客运部

报　　文：

　　202×年5月3日，1132次列车编012号记录，将5月2日郑州发烟台站配件3件，100千克，保价500.00元，票号：S056007，木箱包装，交我站。因有汽油味，经查，其中1件，50千克的木箱内有40千克汽油。我站已将该批货物扣留，请转告托运人前来处理。

泰山站行李员×㊞

202×年5月3日

第1页

票例 1-1-13

保管费：2×3×3.00＝18.00（元）

变更手续费：5.00 元

合计：18.00＋5.00＝23.00（元）

91. 夹带禁限品 B

202×年 5 月 1 日，大连钢窗厂职工王×红在大连站托运至根河站行李 1 件，40 千克；配件 5 件，重 98 千克，票号：C12345。3 日，该批包裹在中转站哈尔滨站卸车时，发现其中 1 件，12 千克，全部是香烟；1 件，20 千克，夹带油漆 1.5 千克。托运人 5 日到领货，哈尔滨应如何办理？（缺项自设，大连—哈尔滨　946 千米）

答：《国铁集团客规》第八十六条规定，将国家禁止、限制运输的物品或危险品夹带运输时，在发站取消托运，在中途站停止运送（在列车上发现危险品交前方停车站），均通知有关部门和旅

丙

济南局集团公司

客运运价杂费收据

20 2 × 年 5 月 2 日　　　　　（报告用）

原票据	种别	日期	202×年5月2日	月　日　时到达、通知、变更		
	行李票	号码	S056007	月　日　时　交　付		
		发站	郑州			
		到站	烟台	核收保管费　　　　　　　日		

核 收 区 间	核 收 费 用			款　额
	种别	件数	重量	
自 郑州 站	四类包裹运费	1	50	48.40
至 泰山 站	保管费	3	100	27.00
经由（　　/　　）	卸车费	3	100	6.00
席别　　　　人数				
	合　计			81.40

记事	危险品伪报配件，重50千克。

　　　　　　　　　　　　　　　站经办人　　　× 印　　　印

A000000

票例 1-1-14

客处理,已收运费不退,按该件全部重量另行加倍补收运费,核收保管费。补收四类包裹运费。

　　（1）哈尔滨站将该批包裹扣留,将违禁品和危险品交哈尔滨车站铁路派出所,拍发铁路电报（票例 1-1-15）通知大连站,转告托运人前来处理。

　　（2）哈尔滨站填制客运运价杂费收据（票例 1-1-16）收取运杂费。

　　①已收运费不退。

　　②大连—哈尔滨里程 946 千米,补收 2 件 32 千克四类包裹运费,四类包裹运价 1.622 元/千克。

　　1.622×32＝51.904≈51.90（元）

　　③杂费。

保管费:保管 3 日,5×3×3.00＝45.00（元）

卸车费:2.00×5＝10.00（元）

合计:51.90＋45.00＋10.00＝106.90（元）

铁路传真电报

签 发：			核 稿：				拟稿人： 电 话：	

发报所名	电报号码	等级	受理日	时 分	收到日	时 分	值机员
	×					17：00	

主送单位： 大连站行李房

抄送单位： 根河站行李房，沈阳、哈尔滨局集团公司客运部

报　文：

　　202×年5月1日，你站发根河配件5件，98千克，票号：C12345，托运人：大连钢铁厂王×。在我站中转时发现其中1件，纸箱包装，12千克，内装全部是香烟；1件，20千克，编织袋包装，夹带1桶1.5千克油漆。我站已将该批货物扣留，请转告托运人前来处理。

哈尔滨站行李员×㊞

202×年5月3日

第1页

票例 1-1-15

92. 列车交无票运输货物

202×年6月22日，乌海西站将上海牌自行车1辆，20千克，无票装上K196次列车，23日，列车编12号客运记录交包头站。包头站应如何办理？（乌海西—包头　387千米）

答： 到站对列车移交和本站发现的无票运输包裹，应加倍补收四类包裹运费。

（1）与海西—包头　387千米，自行车的计费重量为25千克，四类包裹运价为0.705元/千克。

$25×0.705×2≈35.30$（元）

装车费：2.00元

卸车费：2.00元

合计：$35.30+2.00+2.00=39.30$（元）

（2）包头站填制客运运价杂费收据（票例1-1-17）补收运费。

丙

哈尔滨局集团公司

客运运价杂费收据

20 2× 年 5 月 5 日　　　　　（报告用）

原票据	种别	日期	202×年5月1日	月 日 时到达、通知、变更			
	包裹票	号码	C12345	月 日 时 交 付			
		发站	大连				
		到站	根河	核收保管费			日

核 收 区 间	核 收 费 用			款 额
	种别	件数	重量	
自 _____ 大连 _____ 站 至 _____ 哈尔滨 _____ 站 经由（　　/　　） 席别 _____ 人数 _____	行李运费	2	36	51.90
	保管费	5	98	45.00
	卸车费	5	98	10.00
	合　计			106.90

记事	夹带限运品香烟。

_____ 哈尔滨 _____ 站经办人 _____ ×印 _____ 印

A000000

票例 1-1-16

包头站向呼和浩特局集团公司稽查处拍发铁路电报（票例 1-1-18）。

93. 行李超重

202× 年 5 月 12 日，旅客李×持 5 月 13 日 K42 次列车包头—北京车票 1 张，票号：E078541，在包头站行李房托运皮箱 1 件，50 千克，声明价格 500.00 元，内装随身衣物和旅行必需品；残疾人用车 1 辆，55 千克，声明价格 300.00 元。包头站应如何办理？（包头—北京 824 千米，缺项自设）

解：（1）《国铁集团客规》第七十四条规定，行李的运到期限以运价里程计算。从承运日起，行李 600 千米以内为 3 日，超过 600 千米时，每增加 600 千米增加 1 日，不足 600 千米也按 1 日计算。由于不可抗力等非铁路运输企业责任发生的停留时间加算在运到期限内。

丙

呼和浩特局集团公司

客运运价杂费收据

20 22 年 6 月 23 日 　　　　（报告用）

原票据	种 别	日期		月 日 时到达、通知、变更
		号码		月 日 时 交 付
		发站		核收保管费　　　　　日
		到站		

核 收 区 间	核 收 费 用			款 额
	种别	件数	重量	
自 ＿＿乌梅西＿＿ 站	四类包裹加倍运费	1	25	51.90
至 ＿＿包头＿＿ 站	装卸费			5.00
经由（ 　/ 　）				
席别＿＿ 人数＿＿				
	合 计			39.30

记事	K196次列车编12号客运记录交无票自行车1辆。

＿＿＿包头＿＿ 站经办人 ＿＿＿ ×印 印

A000001

票例 1-1-17

包头—北京　824 千米，运到期限为 3＋1＝4（日）。

（2）《国铁集团客规》第六十六条规定，旅客凭有效车票和有效身份证件可在乘车区间行李办理站间托运一次行李，办理时需出示车票报销凭证。每张车票允许托运行李的重量为 50 千克（行李中有轮椅为 75 千克），超出部分按 2 倍的行李运费计费。

①运费。

（50＋25）×0.435＝32.625≈32.60（元）

②保价费：（500.00＋300.00）×0.5％＝4.00（元）

③杂费。

装车费：2×2.00＝4.00（元）

卸车费：2×2.00＝4.00（元）

标签使用服务费：2×0.50＝1.00（元）

合计：32.60＋4.00＋4.00＋1.00＝45.60（元）

填制行李票（票例 1-1-19）。

铁路传真电报

签 发：　　　　　　　核 稿：　　　　　　　　拟稿人：

　　　　　　　　　　　　　　　　　　　　　　　　电 话：

发报所名	电报号码	等级	受理日	时 分	收到日	时 分	值机员
	×					17：00	

主送单位：　乌海西站行李房

抄送单位：　呼和浩特局集团公司收入稽查处

报　文：

　　202×年6月23日，K196次列车编12号客运记录交你站误装无票运输自行车1辆，我站按章用A000001号客运运价杂费收据补收39.30元，特电告知。

包头站行李员×㊞
202×年6月23日

第1页

票例 1-1-18

94. 夹带证件 B

202×年7月12日，旅客王×持7月12日K195次列车呼和浩特东—兰州车票，票号：F087654，在呼和浩特东站托运行李2件：旅行箱1个，内装随身的衣物和毕业证，30千克，声明价格1 000.00元；纸箱1个，内装个人阅读的书籍20千克，声明价格500.00元。请呼和浩特东站制票。（呼和浩特东—兰州 1 152千米，缺项自设）

　　答：(1)《国铁集团客规》第七十四条规定，行李的运到期限以运价里程计算。从承运日起，行李600千米以内为3日，超过600千米时，每增加600千米增加1日，不足600千米也按1日计算。由于不可抗力等非铁路运输企业责任发生的停留时间加算在运到期限内。

　　呼和浩特东—兰州 1 152千米，运到期限为3+1＝4（日）。

　　(2)《国铁集团客规》第六十四条规定，行李中不得夹带的物品："……5. 档案材料：指人事、技术档案，组织关系，户口簿或户籍关系，各种证件、证书、合同、契约等……"

　　呼和浩特东站应该让旅客将毕业证拿出来后才可以托运。

呼和浩特局集团公司
行 李 票

甲

（报告）

A000000

20 2× 年 5 月 12 日

到 <u>北京</u> 站　　　　　经由 <u>　　　　　</u> 站

旅客乘坐 5 月 13 日 K42 次车　　　客票号 E078541

旅客姓名	李×			共 1 人电 话：×				
住　址	×			邮政编码：×				

顺号	包装种类	件数	实际重量	声明价格	运价里程		824	千米
					运到期限		4	日
1	皮箱	1	50	500.00	计重费量	规重	75	千克
2	残疾人车	1	55	300.00		超重		千克
					运　费		32.60	元
					保价费		4.00	元
					杂项计		9.00	元
					合　计		45.60	元
					月　日		次列车到达	
合　计		2	105	800.00	月 日	交	付	

记事　55千克残疾人车调度命令001号，按规重25千克计费。杂项：装车费4.00元，卸车费4.00元，货签使用服务费1.00元。

<u>包头</u> 站行李员　×印　㊞

X0000000000000

行李票号码：A000000

(3)填制行李票(票例 1-1-20)。

①运费。

30+20=50(千克)

50×0.582=29.10(元)

②杂费。

保价费:(1000+500)×0.5‰=7.50(元)

装车费:2×2.00=4.00(元)

卸车费:2×2.00=4.00(元)

标签使用服务费:2×0.50=1.00(元)

合计:29.10+7.50+4.00+4.00+1.00=45.60(元)

95. 托运警犬

202×年 7 月 8 日,包头市公安局警犬基地李×持当日 K42 次列车客票 1 张、动物检疫合格证明×号及公安包头市局证明(第×号),在包头站行李房托运警犬 2 只(装在一个铁笼里),一只 30 千克,一只 18 千克,饲料 10 千克,请包头站制票。(包头—北京,实际径路里程 824 千米,最短径路里程 697 千米)

答:(1)《铁路客运运价规则》第十一条规定,包裹运价里程按最短径路计算,有指定径路时,按指定径路计算。带运、押运包裹的运价里程按实际径路计算。

K42 次列车:包头—北京的实际里程 824 千米,运价里程为 824 千米。

(2)《铁路客运运价规则》第二十条规定,行李、包裹均按物品重量计算运价,但有规定计价重量的物品按规定重量计价,警犬、猎犬规定计价重量 20 千克,超重时,按实际重量计算。

两只警犬计费重量为:30+20=50(千克)。

①运费。

1.102×(50+10)=66.12≈66.10(元)

②杂费。

装车费:2×2.00=4.00(元)

卸车费:2×2.00=4.00(元)

标签使用服务费:2×0.50=1.00(元)

合计:66.10+4.00+4.00+1.00=75.10(元)

包头站填制包裹票(票例 1-1-21)。

96. 保管费计费

202×年 6 月 12 日,旅客李×从通辽站托运行李 1 件,30 千克,编织袋包装,票号:E076543。18 日到达集宁南站卸车,当日集宁南站电话通知货主提取货物。23 日旅客提取货物,请集宁南站核收费用。(通辽—集宁南 1 135 千米)

A000000

呼和浩特局集团公司

行 李 票

甲

（报告）

20 2 × 年 7 月 12 日

到 _____兰州_____ 站　　　　经由 _____ 站

旅客乘坐 7 月 12 日 K1717 次车　　　客票号 F087654

| 旅客姓名 | 王× | | | 共 1 人电 话：× | | | |
| 住　址 | × | | | 邮政编码：× | | | |

顺号	包装种类	件 数	实际重量	声明价格	运价里程		1 152 千米
					运到期限		4 日
1	旅行箱	1	30	1 000.00	计重费量	规重	50 千克
2	纸箱	1	20	500.00		超重	千克
					运 费		29.10 元
					保价费		7.50 元
					杂项计		9.00 元
					合 计		45.60 元
					月 日		次列车到达
合　计		2	50	1 500.00	月 日	交	付

| 记事 | 杂项：装车费4.00元，卸车费4.00元，货签使用服务费1.00元。 |

呼和浩特东 站行李 员 _____ ×印 ㊞

X0000000000000

行李票号码:A000000

票例 1-1-20

呼和浩特局铁路局

包 裹 票

20 2× 年 7 月 8 日

到 ....北京........站   经由 ....站

托运人	单位姓名：李×				电 话：×		
	详细地址：包头市公安局警犬基地				邮政编码：×		
收货人	单位姓名：李×				电 话：×		
	详细地址：包头市公安局警犬基地				邮政编码：×		

顺号	品名	包装种类	件数	实际重量	声明价格		
						运价里程	824 千米
						运到期限	5 天
1	警犬	铁笼	1	48		计费重量	60 千克
2	杂物	纸箱	1	10		运 费	66.10 元
						保价费	元
						杂项计	9.00 元
						合 计	75.10 元
						月 日	次列车到达
						月 日	时 通 知
合 计			2	58		月 日	交 付

运送情况	月 日 次列车装运	月 日到达 站
	月 日 次列车装运	月 日到达 站
	月 日 次列车装运	月 日到达 站

记 事	自押人1名，附动物检疫合格证明×号、包头市公安局证明（第×号），饲料10千克供途中喂养。警犬2只，一只30千克，一只18千克。杂项：装车费4.00元，卸车费4.00，标签使用服务费1.00元。

........包头........站行李员 ....×印........ ㊞

包裹票号码：A000000

票例 1-1-21

A000000

答：(1)《国铁集团客规》第七十四条规定，行李的运到期限以运价里程计算。从承运日起，行李 600 千米以内为 3 日，超过 600 千米时，每增加 600 千米增加 1 日，不足 600 千米也按 1 日计算。由于不可抗力等非铁路运输企业责任发生的停留时间加算在运到期限内。

通辽—集宁南　1 135 千米，运到期限为 3＋1＝4（日）。通辽站 6 月 12 日承运，6 月 18 日到达集宁南站，逾期 3 日到达。

(2)《国铁集团客规》第七十八条规定，行李运到后从通知之日起，铁路运输企业免费保管 3 日，逾期到达的行李免费保管 10 日。因铁路运输企业责任和不可抗力等原因导致旅客行李延迟到达时，按延迟日数增加免费保管日数。超过免费保管期限时，按日核收保管费。

6 月 18 日集宁南站通知旅客提取，旅客 23 日领取，在集宁南站存放 6 日，该批包裹不收取保管费。

97. 包裹超重

202× 年 8 月 1 日，李× 在包头站行李房托运到兰州站旧五羊 125 摩托车 1 件，100 千克，保价 300.00 元，右侧反光镜坏。运输调度命令：客调命令 518 号，请包头站制票。（包头—兰州　979 千米，缺项自设）

答：《铁路客运运价规则》第二十条规定，行李、包裹均按物品重量计算运价，但有规定计价重量的物品按规定重量计价，两轮重型摩托车（汽缸容量超过 50 立方厘米时）每辆按汽缸容量每立方厘米折合 1 千克计算。五羊 125 摩托车计价重量 125 千克。摩托车按照四类包裹计算运费。

(1)运费。

$125 \times 1.685 = 210.625 \approx 210.60$（元）

(2)杂费。

保价费：$300.00 \times 1‰ = 3.00$（元）

超重包裹按超重倍数核收装车费：$3 \times 2.00 = 6.00$（元）

卸车费：$3 \times 2.00 = 6.00$（元）

标签使用服务费：$1 \times 0.50 = 0.50$（元）

合计：$210.60 + 6.00 + 6.00 + 0.5 + 3.00 = 226.10$（元）

包头站填制包裹票（票例 1-1-22）。

98. 部分逾期违约金计费

202× 年 6 月 8 日，李× 在包头站托运到二连站行李 2 件，40 千克（1 件，纸箱，30 千克；1 件，皮箱，10 千克），票号：C030124。10 日，到达二连站 1 件皮箱，当日通知。另一件纸箱 13 日到达，当日通知，收货人王× 当日领取。是否逾期？二连站如何支付违约金？（包头—二连　656 千米）

答：(1)《国铁集团客规》第七十四条规定，行李的运到期限以运价里程计算。从承运日起，行李 600 千米以内为 3 日，超过 600 千米时，每增加 600 千米增加 1 日，不足 600 千米也按 1 日计算。由于不可抗力等非铁路运输企业责任发生的停留时间加算在运到期限内。

呼和浩特局集团公司

包 裹 票

20 2× 年 8 月 1 日

A000000

到 .... 兰州 .... 站   经由 .... 站

托运人	单位姓名：李×			电 话：×	
	详细地址：×			邮政编码：×	
收货人	单位姓名：李×			电 话：×	
	详细地址：×			邮政编码：×	

顺号	品名	包装种类	件 数	实际重量	声明价格		
						运价里程	979 千米
						运到期限	5 天
	摩托车	无	1	100	300.00	计费重量	125 千克
						运 费	210.60 元
						保价费	3.00 元
						杂项计	12.50 元
						合 计	226.10 元
						月 日	次列车到达
						月 日	时 通 知
合 计			1	100	300.00	月 日	交 付

运送情况	月 日 次列车装运	月 日到达 站
	月 日 次列车装运	月 日到达 站
	月 日 次列车装运	月 日到达 站

记 事	客调命令518号批准，旧五羊摩托车1辆，右侧反光镜破损。杂项：装车费6.00元，卸车费6.00元，标签使用服务费0.50元。

包头 .... 站行李员 .... ×印 ⑩

包裹票号码：A000000

票例 1-1-22

包头—二连 656 千米,运到期限为 4 日。该批货物 6 月 8 日承运,10 日到达的皮箱未逾期;13 日到达的纸箱,运行 6 日,逾期 2 日。

(2)《铁路客运运价规则》第三十六条规定,行李、包裹实际运到日数超过规定的运到期限时,铁路运输企业应按所收运费的百分比,向收货人支付运到逾期的违约金,但最多不超过运费的 30%。

一批行李、包裹部分逾期时,按逾期部分的运费比例支付运到逾期的违约金。

该批行李运到期限为 4 日,逾期 2 日,二连站应支付 1 件 30 千克纸箱运费 15% 的违约金。

99. 违约金计费

202×年 6 月 8 日,李×在包头站托运到二连站行李 2 件,30 克,票号:C030124。13 日到达,当日通知,收货人当日王×领取。是否逾期?如何支付违约金?(包头—二连 656 千米)

答:(1)《国铁集团客规》第七十四条规定,行李的运到期限以运价里程计算。从承运日起,行李 600 千米以内为 3 日,超过 600 千米时,每增加 600 千米增加 1 日,不足 600 千米也按 1 日计算。由于不可抗力等非铁路运输企业责任发生的停留时间加算在运到期限内。

包头—二连 656 千米,运到期限为 3＋1＝4(日)。该批货物 6 月 8 日承运,13 日到达二连站,运行 6 日,逾期 2 日。

(2)《铁路客运运价规则》第三十六条规定,行李、包裹实际运到日数超过规定的运到期限时,铁路运输企业应按所收运费的百分比,向收货人支付运到逾期的违约金,但最多不超过运费的 30%。

一批行李、包裹部分逾期时,按逾期部分的运费比例支付运到逾期的违约金。

该行李逾期 2 日,二连站应支付运费 15% 的违约金。

100. 行李破损

202×年 4 月 3 日,王×在临河站行李房领取行李。行李票面记载:发站济宁南,到站临河,票号:C030124,2 件,30 千克(纸箱 1 件,20 千克;皮箱 1 件,10 千克),未保价。旅客在临河站交付口领取时,纸箱 1 件,外包装破损,复磅 18 千克;皮箱 1 件未到。临河站应如何办理?(缺项自设)

答:《国铁集团客规》第八十二条规定,旅客领取行李时,如发现有短少或异状应在领取时及时提出。铁路运输企业应当认真检查、检斤复磅,必要时可会同公安人员开包检查。检查发现有损失时,应编制行包记录交旅客作为要求赔偿的依据。

临河站行李房对破损行李检斤复磅,与公安人员、旅客一同开包检查,将损失情况编制客运记录(票例 1-1-23)。交旅客作为要求赔偿的依据。

呼和浩特局集团公司   客统—1

客 运 记 录

第   ×   号

记录事由：重量短少

记录内容：

    202×年4月3日，K195次列车卸集宁南站到我行李，票号：C030124，2件，30千克（纸箱1件，20千克；皮箱1件，10千克），无声明价格。4月3日在我站交付时，其中1件，纸箱包装破损，复磅18千克。开包查验，短少旅客自穿裤子2条。特此声明。

注：
1.站、车需要编制记录时均适用。
2.本记录不能作为乘车凭证。

临河 站段   编制人员   行李员㊞   （印）

      站段   签收人员   （印）

202× 年   4   月   3   日编制

票例 1-1-23

行李值班员

第一部分　中　级　工

1. 《普速大型车站服务质量规范》对易碎品、流质物品或一级运输包装的放射性同位素有何规定？

答：易碎品、流质物品或一级运输包装的放射性同位素，外包装上粘贴或印制有安全标志；运输过程中发生行包包装松散、破损及时修整，并有记录、有交接。

2. 为一般军人旅客提供的"十优先"服务是什么？

答：对日常出行乘车的军人旅客及随行家属，在购票、安检、候车、乘车、进出站、托运等方面，提供"十优先"的服务。即优先购票、优先进站、优先候车、优先引导、优先换乘、优先托运、优先变更、优先乘车、优先预约、优先签改。

3. 行包遇票货分离、误装误卸造成误运时，应如何处理？

答：行包遇票货分离、误装误卸造成误运时，应及时处理，查清到站，编制记录转运正当到站。严禁积压，不得顶件、等货交换。

4. 应如何组织行李包裹运输？

答：行李、包裹运输应按照先行李后包裹、先中转后始发和长短途列车分工，安全、经济的原则，合理、均衡地组织运输。行李应随旅客所乘列车装运或提前装运；包裹应尽量以直达列车或中转次数少的列车装运。对抢险救灾物资、急救药品、零星支农物资应优先安排装运。

5. 铁路行李运输合同是什么？ 运行中断对行李应如何安排？

答：铁路行李运输合同是指铁路运输企业与旅客之间明确行李运输权利义务关系的协议。对发站已承运的行李应妥善保管，铁路运输企业组织绕道运输时，运费不补不退。

6. 《国铁集团客规》的适用范围是什么？

答：本规程适用于中国国家铁路集团有限公司所属铁路运输企业和控股合资铁路公司在境内的铁路旅客运输。

7. 旅客办理变更后，装运前、装运后分别应怎样处理？

答：旅客办理车票变更到站后，在装运前办理行李到站变更时，补收或退还已收运费与发站至新到站行李运费的差额；旅客办理车票变更到站后，在装运后办理行李到站变更时，已收运费不退,另补收原到站至新到站的行李运费。

8. 站、车发生分歧时,应如何处理?

答:站、车间应协调、配合,发生问题应本着以站保车的原则积极处理。站车发生纠纷,在责任、原因不明时,站、车双方均不得以任何理由阻碍开车,造成列车晚点。

9. 如何领取行李?

答:旅客凭本人购票时使用的有效身份证件领取行李。他人代领时凭旅客购票时使用的有效身份证件和代领人有效身份证件领取。

10. 旅客怎样选择行李保价?

答:行李分为保价运输和不保价运输,旅客可自主选择。

11. 广深港高速铁路跨境旅客不得带入列车内的物品有哪些?

答:(1)《广深港高速铁路跨境旅客运输组织规则》禁止和限制携带的物品。

(2)未使用纸箱等硬质包装妥善包装完整的自行车、带有自动力的轮式代步工具(电动轮椅除外)、平衡车。

12. 行李到达后,车站应如何办理?

答:行李到达后,铁路运输企业应当及时通知旅客,最晚不得超过到达次日 12:00。

13. 装卸作业次数如何计算?

答:将行李从行包房的收货地点至装上行李车,或从行李车卸下至规定的交付地点,各为一次作业。由发站收取装卸费。

14. 无法交付的行李,应如何办理?

答:对无法交付的行李,铁路运输企业应登记造册,妥善保管。国家法律、行政法规规定不能买卖的物品应及时交有关部门处理。

15. 哪些包裹托运时必须派人押运?

答:托运金银珠宝、货币证券、文物、枪支、鱼苗、蚕种和途中需要饲养的动物,必须派人押运。对运输距离在 200 千米以内、不需要饲养的家禽、家畜,托运人提出不派人押运时,也可以办理托运。车站应向托运人说明并在托运单上注明"途中逃逸、死亡,铁路免责"。

16. 按保价运输时,如何保价?

答:按保价运输时,可分件声明价格,也可按一批全部件数声明价格。按一批办理时,不得只保其中一部分。

17. 行李运输合同的凭证是什么？

答：行李运输合同的凭证是行李票。行李票可采用纸质票、电子票等形式。

18. 铁路行李运输合同的有效期是如何规定的？

答：行李运输合同自铁路运输企业接收行李并填发行李票时起成立，到行李运至到站交付给旅客止履行完毕。

19. 按保价运输的行李发生运输变更时，保价费应如何核收？

答：保价的行李发生运输变更时，保价费不补不退。旅客在承运后发送前取消托运或因铁路运输企业责任造成的取消托运时，保价费全部退还。行李发生损失并办理赔偿的，保价费不退。

20. 车站对无人领取的行李应如何处理？

答：行李从运到日起，90日以内仍无人领取时，铁路运输企业应进行公布。公布90日以后仍无人领取时，铁路运输企业可以变卖。

21.《国铁集团客规》对客运记录有何规定？

答：在旅客或行李运输过程中因特殊情况，铁路运输企业与旅客之间需记载某种事项或车站与列车之间办理业务交接的纸质或电子凭证。

22. 丢失的行李找到后，应怎样处理？

答：丢失的旅客行李找到后，铁路运输企业应迅速通知旅客领取，撤销赔偿手续，收回赔款。如旅客不同意领取时，按无法交付物品处理。如发现有欺诈行为不肯退回赔款时，可通过法律等手段追索。

23. 托运行李时，重量和体积有何要求？

答：行李每件的最大重量为50千克，外部尺寸长、宽、高之和最大不超过200厘米，最小不小于60厘米。行李一般随旅客所乘列车运送或提前运送。行动不便旅客在旅行中使用的轮椅可按行李托运。

24.《国铁集团客规》的制定依据是什么？

答：为维护铁路旅客运输正常秩序，保护铁路旅客运输合同各方当事人的合法权益，依据《中华人民共和国民法典》《中华人民共和国铁路法》《铁路安全管理条例》等法律、行政法规和《铁路旅客运输规程》《铁路旅客车票实名制管理办法》等有关规定，制定本运输规程。

25. 客流量较大的车站应如何处理旅客遗失物品？

答：车站应设失物招领处，对本站发现或列车移交的旅客遗失物品，要及时登记、妥善保管，并在 12306 网站或车站进行公告。失主来领取时，应查验有效身份证件，核对时间、地点、车次、品名、件数、重量，确认无误后，由失主签收。铁路运输企业可依据相关法律、行政法规和有关规定对保管的遗失物品核收保管费。鲜活易腐物品和食品不负责保管。

26. 应如何组织行李、包裹运输？

答：(1)行李、包裹运输应按照先行李后包裹、先中转后始发和长短途列车分工，安全、经济的原则，合理、均衡地组织运输。

(2)行李应随旅客所乘列车装运或提前装运；包裹应尽量以直达列车或中转次数少的列车装运。对抢险救灾物资、急救药品、零星支农物资应优先安排装运。

27. 承运后交付前发生包装破损、松散，承运人应如何办理？

答：承运后交付前发生包装破损、松散时，承运人应及时修整。修整后编制客运记录，详细记载破损原因、状况和整修后状态，并在行李、包裹运输报单的记事栏内注明"×站整修"加盖站名戳。

28. 运行中断旅客在发站或中途站办理退票，托运的行李应如何办理？

答：旅客在发站或中途站办理退票，而托运的行李已运至到站，要求将行李运回发站或中途站，运费不补不退。如要求将行李仍运至到站时，需另行支付全程或终止旅行站至到站两倍行李运费。

29. 行李票应载明哪些信息？

答：(1)承运日期、发站、到站和经由。

(2)乘坐车次、人数、车票号。

(3)旅客姓名、电话、地址。

(4)包装种类、件数、重量。

(5)声明价格。

(6)运费。

(7)运到期限、承运站站名戳及经办人员名章。

(8)铁路运输企业名称。

30.《铁路旅客车票实名制管理办法》对车票实名管理有何规定？

答：车票实名购买和实名查验统称为车票实名制管理。车票实名购买，是指购票人凭乘车人的有效身份证件购买车票，铁路运输企业凭乘车人的有效身份证件销售车票，并记录旅客身份信息和购票信息的行为；车票实名查验，是指铁路运输企业对实行车票实名购买的车票记载的身份信息与乘车人及其有效身份证件进行一致性核对,并记录旅客乘车信息的行为。

31.《国铁集团客规》中对行李的运到期限有何规定?

答:行李的运到期限以运价里程计算。从承运日起,行李 600 千米以内为 3 日,超过 600 千米时,每增加 600 千米增加 1 日,不足 600 千米也按 1 日计算。由于不可抗力等非铁路运输企业责任发生的停留时间加算在运到期限内。

32. 行李、包裹在运输过程中发生水灾,地震、雪害、风沙等人力不能抗拒的自然灾害时,其运到期限如何计算? 停留车站应如何办理?

答:运到期限一般以运输里程计算,在运输过程中发生水灾、地震、飓风、冰雹、雪害、风沙等人力不能抗拒的灾害或疫情、战争、执法机关扣留等,发生的停留时间应加算在行李、包裹的运到期限内,由停留的车站在行李、包裹票背面注明“因×原因停留×天,并加盖站名戳或规定的行李员名章。

33.《铁路旅客运输安全检查管理规则》中所称“安检”是指什么?

答:《铁路旅客运输安全检查管理规则》所称安检是指所属铁路运输企业在客运车站、旅客列车对旅客和其他进站、乘车人员及其随身携带品、托运的行包快件进行禁止和限制物品检查的活动。铁路运输奇异可以采取多种方式进行安检。安检工作依法依规接受国家有关部门监督检查指导。

34. 运行中断,旅客在中途站要求领取时,应如何办理?

答:旅客在中途站(行李办理站)要求领取时,应退还未运送部分的运费。不足起码运费按起码运费退还。对要求运回发站取消托运的,退还全部运费。

35.《普速大型车站服务质量规范》规定,行包房包装工具和材料应有哪些?

答:有打包机、施封钳等包装工具;有编织袋、纸箱、锁等包装材料;有封箱钉、打包带、铁锤、缝针等维修工具、施封材料。

36.《普速大型车站服务质量规范》对执行行包运输方案有何规定?

答:执行行包运输方案。装卸列车时,先卸后装,按照列车行李员指定货位码放,使用规定印章办理站车交接。

37.《普速大型车站服务质量规范》对到达行包有何规定?

答:到达行包核对票据,妥善保管,及时通知,准确验货,正确交付,按规定期限保管。对无法交付的行包及时公告,按规定处理。

38. 收货人领取行李时,如发现有短少或异状,车站应如何办理?

答:收货人领取行李时,如发现有短少或异状应在领取时及时提出,铁路运输企业应当认真检查、检斤复磅,必要时可汇通公安人员开包检查。检查发现有损失时,应编制行包记录交旅客作为要求赔偿的依据。

39. 运输企业票据库管理有何规定?

答:铁路运输企业票据库应当配备安全设施。遇有人员工作变动时,应在核对客货票据账实无误后办理交接。交接不清,移交人不得离职,移交后发生差错,由接收人负责。

40. 办理变更运输后,产生的杂费应怎样核收?

答:办理变更运输后产生的杂费按实际产生的核收。如应退运费低于已产生的杂费时,则不补收杂费也不退还运费。但因误售误购车票时,如果旅客还托运了行李,补收或退还已收运费与发站至正当到站间的行李运费差额。

41. 为一般军人旅客提供的"十优先"服务中的优先购票、优先托运、优先服务,各是什么?

答:(1)优先购票。在旗县及以上车站售票处设置"军人依法优先"售票窗口和标识,提供优先办理购票和选择车次、席位、席别服务;符合残疾军人优待条件的旅客发售优待票,优先办理残疾人旅客预留席位。

(2)优先托运。在车站行包房的承运、交付处,设置"军人依法优先"办理窗口和标识,提供优先办理行包托运、装运、交付服务。

(3)优先乘车。军人旅客因紧急情况未来得及购票或无票额时,可持军人证件进站,上车办理补票手续,提供优先进站、乘车服务。

42. 《中国铁路运输收入票据管理工作规则》对纸质票据保管有何要求?

答:对已使用完毕的客货票据存根页、报告页和票据整理报告,以及到达的纸质客货票据,应当顺序装订成册,票据库按规定的保管期限妥善保管。

43. 《国铁集团客规》规定,将国家禁止、限制运输的物品或危险品夹带运输,应如何处理?

答:将国家禁止、限制运输的物品或危险品夹带运输时,在发站取消托运,在中途站停止运送(在列车上发现危险品交前方停车站),均通知有关部门和旅客处理,已收运费不退,按该件全部重量另行加倍补收行李运费,核收保管费。

44. 什么情况下,铁路运输企业不承担行李赔偿?

答:铁路运输企业应当对承运的行李自接受承运时起到交付时止发生的灭失、短少、污染或者损坏,承担赔偿责任。因下列原因造成的行李损失,铁路运输企业不承担责任:

(1)不可抗力。

(2)物品本身的自然属性或合理损耗。

(3)包装方法或容器不良,从外部观察不能发现时。

(4)旅客违反铁路规章或其他自身的过错。

45. 《普速大型车站服务质量规范》对站台作业车辆有何规定?

答:进入站台的作业车辆及移动小机具、小推车不影响旅客乘降,不堵塞通道,不侵入安全线;停放时在指定位置,与列车平行,有制动措施;行驶或移动时,不与本站台的列车同时移动,不侵入安全线,速度不超过 10 千米/时。无非作业车辆进入站台。

46. 依据《铁路旅客运输管理规则》规定,站车应如何办理行包交接?

答:严格执行交接制度。车站在装车前,列车在卸车前,必须先核对所装卸行包的到站、票号、件数,确认票货相符。交接时,凭填写完整的行包装卸交接证,办理交接手续并加盖规定名章,严禁信用交接。发现件数不符,行包破损或有其他异状时,经确认后应在交接证上注明现状,由交出行李员加盖规定名章。车站交接班时,凭交接簿票货核对,严格执行货动有交接,交接有手续的制度。

47. 《普速大型车站服务质量规范》对拖车装载有何规定?

答:行包、邮政拖车的辆数重车(含混编)不超过 4 辆,空车不超过 5 辆,混编时重车在前、空车在后。装载的货物高度距地面不超过 2 米,横向宽度不得超出车体两侧各 0.2 米,重量不超过 2 吨,堆码整齐,绳索捆牢,不致甩落。四周护栏拖车运行中侧向护栏锁闭。

48. 编制行包运输方案的依据是什么?

答:行包计划运输方案应于新图实行前编制并与新图同时实行。

编制行包计划运输方案的依据:

(1)指定月份的直通、管内行包流向流量图。

(2)直通列车行包密度表等资料(按局别、中转站、终到站统计)。

(3)主要站分车次、区段装车和卸车件数。

(4)指定时间主要站行包承运件数(按局别或线别分区段资料)。

(5)特、一等站两年以内的行包流调查报告。

49. 行李损失赔偿标准是什么?

答:按保价运输办理的行李全部灭失时按实际损失赔偿,但最高不超过声明价格。部分损失时,按损失部分所占的比例赔偿。分件保价的行李按所灭失该件的实际损失赔偿,最高不超过该件的声明价格。

未按保价运输的行李按实际损失赔偿,但最高连同包装重量每千克不超过 15 元。如由于铁路运输企业故意或重大过失造成的,不受上述赔偿限额的限制,按实际损失赔偿。

50. 发生行李损失,旅客应如何要求赔偿?

答:发生行李损失,旅客要求赔偿时,应在规定的期限内提出并应附下列材料:

(1)旅客有效身份证件、行李票。

(2)行包记录。

(3)证明物品内容和价格的凭证。

51.《广深港高速铁路跨境旅客运输组织规则》对实名制车票的要求是什么?

答:实名制车票须凭乘车人有效身份证件购,旅客进站、乘车时,须出示购票时所使用的有效身份证件原件。票、证、人一致方可进站、乘车。票、证、人不一致按无票处理。乘车人须接受铁路运输企业的查验,并确认出入境证件及签注有效。

52. 托运行李有何规定?

答:行李托运实行实名制,办理行李托运时,铁路运输企业应核验旅客车票和有效身份证件的一致性,他人代办时还应出示代办人的有效身份证件。铁路运输企业应当依照法律、行政法规和有关规定,对旅客托运的行李进行安全检查。对不配合安全检查的,铁路运输企业有权拒绝承运。

53. 行李中不得夹带的物品有哪些?

答:行李中不得夹带的物品:

(1)货币:含各币种的纸币和金属辅币。

(2)有价票证:银行卡、储值卡等。

(3)文物。

(4)金银珠宝。

(5)档案材料:指人事、技术档案,组织关系,户口簿或户籍关系,各种证件、证书、合同、契约等。

(6)易碎品、流质物品和骨灰。

(7)妨碍公共卫生和安全的物品。

(8)危险品,铁路运输企业不能判明理化性质的物品按危险品处理。

(9)国家禁止、限制运输物品。

54.《铁路旅客运输管理规则》对包裹和中转行李有何规定?

答:包裹和中转的行李应以直达列车装运。没有直达列车时,应以中转次数最少的列车装运。途中有几个中转站中转次数相同时,应首先在有始发列车接运的车站中转。如途中有几个站者有始发列车接运,原则上应在最后一个中转站中转,但其他站应适量分担。途中都没有始发列车时,应在最后一个中转站中转。

途中有两个以上径路时,在中转次数相同的情况下均可办理。特殊情况下,铁路运输企业可指定车站增加中转次数。

55. 行李运价里程如何计算？包裹运价里程如何计算？

答：行李运价里程，按行李实际运送的径路计算，旅客要求行李由近径路运送时，如有直达列车可按近径路计算。超过车票终到站以远的行李计费径路比照包裹计费径路办理。包裹运价里程按最短径路计算，有指定径路时，按指定径路计算。

56.《广深港高速铁路跨境旅客运输组织规则》对携带导盲犬进站乘车有何规定？

答：旅客可携带导盲犬进站乘车，犬只应系上牵引链，佩戴导盲鞍，接受安全检查。旅客应出示购票时所使用的有效身份证件、残疾人证、导盲犬工作证（载有导盲犬使用者信息，盖有内地公安部门或中国残疾人联合会公章，或带有国际导盲犬联盟标识"IGDF"，或双方铁路运输企业认可并公布的证件）、动物健康免疫证明。旅客携带导盲犬须符合内地与香港进出口检疫规定和相关铁路规定，并保证其他旅客的安全和车内的清洁卫生；导盲犬的照料、喂养和所需饲料，均由携带人自理；导盲犬对铁路或第三者造成损害时，由携带人负责赔偿。

57. 托运行李如何计费？

答：旅客凭有效车票和有效身份证件可在乘车区间行李办理站间托运一次行李，办理时需出示车票报销凭证。

每张车票允许托运行李的重量为 50 千克（行李中有轮椅为 75 千克），超出部分按 2 倍的行李运费计费。

58.《铁路技术管理规程（普速铁路部分）》对旅客列车通过的车站，通过线路的站台安全标线与站台边缘距离的设置有何规定？

答：旅客列车停靠的高站台边缘距线路中心线的距离为 1 750 毫米，安全标线距站台边缘 1 000 毫米。

非高站台安全标线与站台边缘距离为：列车通过速度不大于 120 千米/时时，1 000 毫米；列车通过速度 120 千米/时以上至 160 千米/时时，1 500 毫米；列车通过速度 160 千米/时以上至 200 千米/时时，2 000 毫米。也可在距站台边缘 1 200 毫米（困难条件下 1 000 毫米）处设置防护设施。

59. 客运站房应根据客运量设有什么设备？

答：客运站房，应根据客运量设有便于购买车票、办理行李包裹、候车、问询、引导、广播、时钟、携带品寄存，以及为旅客服务的文化、卫生及生活上的必要设备。根据规定还应设置实名制验证和制证设备、安全检查设备、客运信息查询设备、视频监控设备、行李包裹到达查询设备、垃圾存放设备、消防设备等，根据需要设置电梯、自动扶梯、无障碍通道和相应的助残设施、污物处理、自动售检票和取票设备等。

办理客运业务的车站应设旅客站台，并应有照明、引导、广播、时钟和视频监控设备。车站应设置围墙或栅栏。办理行李包裹业务的车站应设行包通道，站台长度应满足行包装卸作业需要。

大、中型客运站站前应有广场,站台应有雨棚,跨越线路应采用天桥或地道。

60. 车站安检对旅客携带品及托运的行包快件有何要求?

答:旅客携带品及托运的行包快件在车站应经过安检仪检查,无法确认安全性的液体应使用液体检测仪检查。发现可疑物品及无法辨识物品或必要时可当场开箱(包)人工检查,全面检查其规格、容器、数量等,对包装密封完好、标志清晰,无针孔、破封等异常情况,能够确认为瓶装酒、水、易拉罐饮料等物品,以及能够确认其物质安全性的肥皂等块状、膏状物品予以放行。安检设备发生故障或停电时,或托运的行李包裹因尺寸、形状、重量等原因无法过安检仪检查的,须实行人工检查。

61. 行李取消托运返回发站

202×年6月20日,旅客李×自郑州站托运到上海站,行李3件,45千克,票号:C20010。20日,旅客要求将行李运回发站取消托运。行李装18日1660次列车,次日运至上海站,20日接到变更电报,21日返回郑州站,旅客当日领取。车站应如何办理?

答:《国铁集团客规》第八十三条规定,旅客在办理行李托运手续后,可按如下规定办理一次行李变更手续;办理行李变更的到站、中止站必须是行李办理站:"……2. 在发站装运后取消托运时,行李由到站运回发站,已收运费不退,补收到站至发站间行李运费……"

(1)郑州站收回行李票,编制客运记录一式2份,1份交旅客作为领取行李的凭证,1份留站存查,并拍发电报通知上海站,将行李运回发站。郑州站计算运杂费。

(2)上海站接到电报后,编制客运记录并将行李运回发站。

62. 装车前取消托运

202×年4月18日,王×从包头站托运到西安站行李3件,45千克。19日,该件未装车前,托运人要求取消托运,包头站的办理依据是什么?

答:(1)《国铁集团客规》第八十三条规定,旅客在办理行李托运手续后,可按如下规定办理一次行李变更手续;办理行李变更的到站、中止站必须是行李办理站:"1. 在发站装车前取消托运,退还全部运费……"

(2)行李、包裹托运后至装车前,托运人要求取消托运时,车站应收回行李、包裹票注销,注明"取消托运"字样。办理时,另以车站退款证明书办理退款,收回的行李、包裹票报销联随车站退款证明书上报。因取消托运发生的各项杂费另填发"客运运价杂费收据"核收,并将客运运价杂费收据号码及核收得费用名称、金额填注在取消托运李、包裹票上。

63. 托运自行车

202×年1月2日旅客张×在包头站行李房托运1辆旧美利达自行车到通辽站,自行车车座破损,重20千克,声明价格2 000.00元,请包头站制票。(写清计算过程,包头—通辽 1 458千米,经由:呼、集、张、昌,缺项自设)。

答:《铁路客运运价规则》第二十条规定,行李、包裹均按物品重量计算运价,但有规定计价重量的物品按规定重量计价。自行车按指定重量 25 千克计费。

包头—通辽 1 458 千米,三类包裹运价为 1.825 元/千克。

(1)运费。

$25 \times 1.825 = 45.60$(元)

(2)保价费。

$2\,000.00 \times 1\% = 20.00$(元)

(3)杂费。

装车费:$1 \times 2.00 = 2.00$(元)

卸车费:$1 \times 2.00 = 2.00$(元)

标签费:$1 \times 0.50 = 0.50$(元)

合计:$45.60 + 20.00 + 2.00 + 2.00 + 0.50 = 70.10$(元)

填制包裹票(票例 2-1-1)。

64. 包装破损

202×年 8 月 13 日,K597 次列车包头站卸车时发现广州站发二连站保健品 1 件,纸箱包装,36 千克,票号:A63021,卸车时纸箱包装大破,与列车办理交接时,列车已签注破损,内装肠清茶外漏,回库核对时复磅重量不少,清点内装肠清茶 36 盒,有 7 盒包装变形,原包装无法继续运输。包头站对破损件应如何办理?(缺项自设)

答:(1)包头站应该对破损件及时修整包装,修整后编制客用记录(票例 2-1-2),详细记载破损原因,状况和整修后的状态,

(2)在行李、包裹运输报单的记事栏内注明"包头站修整",加盖站名戳。

65. 托运行李

202×年 5 月 1 日,旅客张×持 202×年 5 月 3 日 K41 次列车北京—包头的车票,到北京站办理托运行李托运,托运货物经查验为 2 箱,发卡,60 千克。北京站可否按行李办理?依据是什么?北京站应如何办理?

答:(1)依据《国铁集团客规》第六十三条规定,行李是旅客凭车票托运的一定限度的旅行必需品。

(2)发卡不是旅行必需品。北京站不可以按行李办理。

(3)北京站应该按三类包裹办理。

66. 漏装货物

202×年 4 月 17 日,包头发成都 K195 次列车在包头站装车 154 件,实际装车 153 件,双方按实办理了交接手续,回库核对发现,漏装包头站发成都站医疗器械 10 件之 1 件,5 千克,票号:A65432,包头站应如何办理?(K195 次由包头客运段呼和浩特乘务室)

呼和浩特局集团公司

包 裹 票

A000000

20 2× 年 1 月 2 日

到 __通辽__ 站　　　　经由 __呼、集、张、昌__ 站

托运人	单位姓名：张×			电　话：×
	详细地址：×			邮政编码：×
收货人	单位姓名：×			电　话：×
	详细地址：×			邮政编码：×

顺号	品名	包装种类	件数	实际重量	声明价格	运价里程		千米
						运到期限	6	天
1	自行车	无	1	20	2 000.00	计费重量	25	千克
						运　费	45.60	元
						保价费	20.00	元
						杂项计	4.50	元
						合　计	70.10	元
						月　　日		次列车到达
						月　　日		时 通 知
合　计			1	20	2 000.00	月　　日		交　付

运送情况	月　日　次列车装运	月　日到达　站
	月　日　次列车装运	月　日到达　站
	月　日　次列车装运	月　日到达　站

记事　旧美利达自行车1辆，车座破损。

包头 __站行李员__ ×印　㊞

包裹票号码：A000000

票例 2-1-1

56

呼和浩特局集团公司　　客统—1

客 运 记 录

第　×　号

记录事由：修整包装

记录内容：

二连站行李房：

202×年8月13日K597次我站卸车时广州发你保健品1件，36千克，纸箱包装，票号：A63021，卸车时外包装纸箱破损，内装肠清茶外漏，列车批注破损，回库复磅重量相符，内装肠清茶36盒，其中7盒包装变形。因原包装纸箱破损严重，无法继续运输，我站用白色透明胶带进行修整，现将该货编记录附原票运你站。

注：
1.站、车需要编制记录时均适用。
2.本记录不能作为乘车凭证。

包头 站段 编制人员　行李员㊞　（印）

站段 签收人员　　　　　（印）

202× 年　8　月　13　日编制

票例 2-1-2

答：《铁路旅客运输管理规则》第一百四十一条规定,行包遇有票货分离,误装误卸造成误运时,应及时处理,查清到站,编制记录转运正当到站。严禁积压,不得顶件,等货交换。

包头站将漏装货件编制客运记录(票例 2-1-3)补运成都站,拍发铁路电报(票例 2-1-4)通知列车及成都车站。

67. 夹带危险品 A

202×年5月2日兰州站发二连站配件：S56007号3件100千克,保价1 000.00元,木箱包装,装当日 K196 次列车。3日包头站卸车,回库核对发现该货有刺鼻气味,疑为内有危险品,经查,其中1件,50千克,内有5千克硫酸,请问包头站应如何处理？（兰州—包头　979千米,托运人5月6日到包头站处理,缺项自设）

呼和浩特局集团公司　　　　　客统—1

客 运 记 录

第　×　号

记录事由：票货分离

记录内容：

　　成都站行李房：

　　202×年4月17日，K195次列车装车，我站漏装成都发你医疗器械10件之1件，5千克，纸箱包装，票号：A65432，现编记录运你站，请查收。

注：
　　1.站、车需要编制记录时均适用。
　　2.本记录不能作为乘车凭证。

　　　　　　　　　　　　　　　　包头 站段 编制人员　　行李员㊞　　（印）

　　　　　　　　　　　　　　　　　　　站段 签收人员　　　　　　　　（印）

　　　　　　　　　　　　　　　　202×年　4　月　　17　日编制

票例 2-1-3

答:(1)包头站查为内夹带硫酸后,根据危险品伪报品名托运时,在中途站停止运送,发电报通知发站转告托运人前来领取,运费不退,并对品名不符货件按实际运送区间补收四类包裹运费。

(2)将该批包裹扣留,将危险品交包头车站铁路派出所,拍发铁路电报(票例 2-1-5)通知兰州站,转告托运人前来处理。

①已收运费不退,补收兰州—包头　979千米,1件50千克四类包裹运费。

1.685×50千克＝84.30(元)

②杂费。

保管费:3日卸我站,6日交付,我站保管4日。

铁路传真电报

签 发：　　　　　　　核 稿：　　　　　　　　拟稿人：

电话：

发报所名	电报号码	等级	受理日	时 分	收到日	时 分	值机员
	×					17：50	

主送单位：　包头客运段安全乘务科

抄送单位：　成都站行李房

报　文：

　　202×年4月17日，K195次列车我站装车时，由于我站工作疏忽，漏装包头发成都A65432号医疗器械10件之1件，5千克，纸箱包装，少件已编01号记录，4月18日K195次列车补运你站，特电告知。

包头站行李员×印
202×年4月17日

第1页

票例 2-1-4

3×4×3.00＝36.00（元）

应补合计为：84.30＋36.00＋＝120.30（元）

68. 托运货物有放射性同位素时，编制装车计划

202×年6月12日，张×在包头站托运5批，25件，250千克放射性同位素，到站为北京站，附有铁路卫生防疫部门签发的检查证明书，手续齐全符合托运规定。包头站计划装当日K264次列车，同日旅客王×持6月12日K264次列车（包头—北京）客票1张，托运一只宠物狗到北京，旅客已办理自押手续，计划当日K264次列车，包头站编制计划是否正确？请说明理由。

　　答：一批或一辆行李车内装载的件数不得超过20件，每件不得超过50千克，并不得与感光材料以及活动物配装，与食品配装需要隔开2米以上的距离。

　　包头站将25件全部装一趟车（K264次列车）并且与活动物一起配装不符合规定。

铁 路 传 真 电 报

签 发：			核 稿：		拟稿人：			
					电 话：			
发报所名	电报号码	等级	受理日	时 分	收到日	时 分	值机员	
	×							

主送单位： 兰州站行李房

抄送单位： 二连站行李房，呼和浩特、兰州局集团公司客运部

报　文：

　　202×年5月3日，K196次列车卸兰州发二连配件3件，100千克，木箱包装，票号：S56007。我站核对货物时，发现有刺鼻气味，经检查其中1件，50千克的木箱内有5千克硫酸，我站已将该批货物扣留，请转告托运人前来处理。

包头站行李员×印
202×年5月3日

第1页

票例 2-1-5

包头站 K264 次列车计划编制有误。

69. 夹带现金、证件

旅客王×持呼和浩特东—成都的 K195 次列车车票 1 张，托运行李 3 件，30 千克。其中 1 件，手提包内装有现金和身份证，可以按行李托运吗？依据是什么？应如何办理？

答：(1)《国铁集团客规》第六十六条规定，旅客凭有效车票和有效身份证件可在乘车区间行李办理站间托运一次行李，办理时需出示车票报销凭证。

(2)第六十四条规定，行李中不得夹带的物品：1. 货币：含各种纸币和金属辅币；……5. 档案材料：指人事、技术档案、组织关系，户口簿或户籍关系，各种证件、证书、合同、契约等。

呼和浩特东站应该让王×华将现金和身份证取出后，按行李托运。

70. 卸车后发现有货无票

202×年1月26日，K573次列车包头站应卸行包72件，实卸70件，我站与列车按实数办

理交接,回库复核发现北京西发临河 2 件药品,36 千克,票号:A60732,有票无货。包头站应如何处理?

答:(1)包头站应该在卸车后 2 小时之内,给 K573 次列车乘务担当单位和上货的发、到站拍发铁路电报声明该货有票无货。

(2)在票货不符登记簿上做好记录。

(3)将北京西发临河 2 件药品,36 千克,票号:A60732 的运输报单,挂号寄到临河站。

71. 行李是否逾期

202×年 3 月 19 日,旅客张×持 3 月 20 日 K1278 次列车包头—石家庄的客票 1 张,在包头站行李房托运了行李 2 件,50 千克。20 日,包头站将该 2 件行李装 K1278 次列车。21 日,石家庄站卸车该行李 2 件,有票无货;23 日,石家庄站收到包头站编制的补票客运记录。该批行李的运到期限是几天?是否逾期?(包头—石家庄　1 099 千米)

答:《国铁集团客规》第七十四条规定,运到期限以运价里程计算。从承运日起,行李 600 千米为 3 日,超过 600 千米,每增加 600 千米增加 1 日,尾数不足 600 千米的也按 1 日计算。

包头—石家庄　1 099 千米,该批行李的运到期限为 3+1=4(日)。

该批行李的承运时间是 19 日,23 日到达,逾期 1 日。

72. 水害线路中断,行包是否逾期

202×年 5 月 1 日,旅客王×从北京站托运到包头站行李 3 件,30 千克;4 日,北京站装 K41 次列车;5 日,K41 次列车运行在集宁站时,前方发生水害,列车在集宁站停车;6 日,线路恢复后从集宁站开出,次日到达包头站。请问该批行李的运到期限是几日?是否逾期?逾期几日?(北京—包头　697 千米)

答:《国铁集团客规》第七十四条规定,行李的运到期限以运价里程计算。从承运日起,行李 600 千米以内为 3 日,超过 600 千米时,每增加 600 千米增加 1 日,不足 600 千米也按 1 日计算。由于不可抗力等非铁路运输企业责任发生的停留时间加算在运到期限内。

北京—包头　697 千米,该批行李按运到期限为 3+1=4(日)。因水害停留一日,实际该批行李的运到期限为 5 日。

该批行李的承运时间是 5 月 1 日,7 日到达,已逾期,逾期 2 日。

73. 取货时,货物未全部到站

202×年 7 月 14 日,在呼和浩特东站,收货人持 7 月 13 日西安—呼和浩特东行李票提取行李。该批行李共 5 件,50 千克,票号:C06005。其中 3 件,15 千克,7 月 14 日到达呼和浩特东站,另 2 件未到,呼和浩特东站应如何办理?

答:(1)呼和浩特东站应收回行李票,编制客运记录(票例 2-1-6)交旅客作为领取未到 2 件的凭证。

呼和浩特局集团公司　　　　　　　　　　　客统—1

客 运 记 录

第　×　号

记录事由：领取凭证

记录内容：

　　202×年7月14日，旅客领取西安发呼和浩特东行李一批，5件，50千克，票号：C06005。因其中3件，15千克未到达，旅客凭票已领取2件，15千克。行李票已收回，另2件15千克待到达后凭此记录领取。

注：
1.站、车需要编制记录时均适用。
2.本记录不能作为乘车凭证。

呼和浩特东　站段　编制人员　　行李员印　　（印）

　　　　　　　站段　签收人员　　　　　　　（印）

202×年　7　月　14　日编制

票例 2-1-6

74. 顶件运输

202×年5月5日，K264次列车（包头—北京）计划在包头装车210件，实际装车209件，双方按实际装车件数办理了交接手续。包头站回仓库核对发现，包头站发济南站A80835号10件之1件，药品，纸箱包装，漏装；另无票装出包头发集宁南Z33068号3件之1件，食品，纸箱包装。包头站应如何处理？

答：（1）包头站应将漏装货件编制客运记录补运济南站，编制客运记录将无票装出包头发集宁南z33068号3件之1件，食品，原票附客运记录运至到站。

（2）包头站拍发铁路电报（票例2-1-7）通知列车及相关车站，将无票装出包头发集宁南Z33068号3件之1件（食品，纸箱包装）的客运记录交到站。

铁路传真电报

签　发：		核　稿：		拟稿人：			
				电话：			

发报所名	电报号码	等级	受理日	时　分	收到日	时　分	值机员
	×						

主送单位：　呼和浩特东站行李房转交5月5日过你站K264次列车行李员

抄送单位：　济南、集宁南站行李房

报　文：

　　202×年5月5日，K264次我站计划装车210件，实际装车209件，站车按实际件数办理交接。由于我站工作疏忽，漏装我发济南A80835号10件之1件，药品，我站已编1号记录次日补运济南站；误将我发集宁南Z33068号3件之1件，食品，顶件装上车，请各站接电后将该货件记录交集宁南站，剩余2件我站已编2号记录附原票补运集宁南站。特电。

包头站行李员×㊞
202×年5月5日

第1页

票例 2-1-7

75. 装运后取消托运，返回发站

202×年5月15日，旅客王×在北京站托运到包头站行李1件，票号：A00011，20千克，编织袋包装，装运后旅客要求运回发站，行李已运至包头站。北京站应如何办理？

答：北京站应收回旅客行李票，编制客运记录（票例2-1-8）交旅客作为领取行李凭证。并向行李所在站包头站拍发铁路电报（票例2-1-9）。

76. 装车前取消托运

202×年4月18日王×从包头站托运到二连站配件3件，45千克，4月19日该货物未装车前，托运人要求取消托运。包头站应如何办理？（包头—二连　656千米）

答：包头站收回包裹票注销，注明"取消托运"。填写退款证明书退还全部运费，收回的行李包裹票报销联随车站退款证明书上报，保价费不退，另用客运运价杂费收据核收变更手续费和保管费，并将客运运价杂费收据号码及核收的费用名称、金额填注在取消托运的行李、包裹票上。

呼和浩特局集团公司　　　　　客统—1

客 运 记 录

第　×　号

记录事由：_____

记录内容：_____

　　202×年5月15日，北京站发包头行李1件，20千克，票号：A00011，旅客王×

要求将行李运回发站行李票已收回，凭此记录领取行李。

_____

_____

_____

注：
　　1.站、车需要编制记录时均适用。
　　2.本记录不能作为乘车凭证。

北京 站段　编制人员　　行李员㊞　　（印）

　　　 站段　签收人员　　　　　　　　（印）

202×年　5月　15日编制

票例 2-1-8

（1）应退运费：45千克三类包裹运费。

45×0.908＝40.90（元）

（2）杂费。

变更手续费：5.00（元）

保管费：3件，包头站保管2日。

3×2×3.00＝18.00（元）

合计：5.00＋18.00＝23.00（元）

77. 客货票据使用及票据库管理要求

答：（1）客货票据使用的要求。

```
                    铁 路 传 真 电 报

  签 发：            核 稿：                拟稿人：
                                          电 话：

  发报所名  电报号码  等级   受理日   时 分   收到日   时 分   值机员
            ×

  主送单位：  包头站行李房

  抄送单位：

  报　文：
      202×年5月15日，我站发你行李1件，票号：A00011，20千克，编织袋包装，旅客
  王×要求将该行李运回我站，请速返运。

                                        北京站行李员×印
                                        202×年5月15日

                                                            第1页
```

票例 2-1-9

掌握客货票据使用量和库存量，保证运输生产票据供应。铁路运输企业票据库负责客货票据的订印和配发，负责客货票据的请领和发放。

客货票据使用时，应当按照客货票据编码规则和票符票号顺序连续使用。出现间断或缺失时，应当及时填制相关凭据处理。

(2)票据库管理的要求。

票据入库、领发、出库，均应办理交接清点、登记和签收手续，并及时登记账簿，严格信用交接。对于暂时不使用的客货票据，应当及时办理返库手续。

票据库账管人员与库管人员，应当每月进行一次票据结存的核对工作。各单位票据库，应当逐月填制并向运输企业票据提取客货票据收发月报进行对账。年末应当进行全部清查和对账，做到账账相符、账实相符。

对使用完毕的客货票据存根页、报告页和票据整理报告，以及到达的纸质客货票据，应当顺序装订成册，票据库按规定的保管期限妥善保管。

78. 重量不符

202×年6月10日，包头站交付6月8日西安站运至包头站行李2件，30千克，票号：X00483（1673次列车装运），发现重量不符，经复磅重50千克。包头站应如何办理？（超重部分以0001号客运运价杂费收据补收运费9.80元）

答： 包头站拍发铁路电报（票例2-1-10）声明。

<table>
<tr><td colspan="9" align="center">铁 路 传 真 电 报</td></tr>
<tr><td colspan="3">签 发：</td><td colspan="3">核 稿：</td><td colspan="3">拟稿人：
电 话：</td></tr>
<tr><td>发报所名</td><td>电报号码</td><td>等级</td><td>受理日</td><td>时 分</td><td>收到日</td><td>时 分</td><td colspan="2">值机员</td></tr>
<tr><td></td><td>×</td><td></td><td></td><td></td><td></td><td></td><td colspan="2"></td></tr>
</table>

主送单位：西安站行李房

抄送单位：西安局集团公司收入处

报　文：

　　202×年6月8日，你发我行李2件30千克，票号：X00483，我站交付时发现重量不符，经复磅重50千克，6月10日我站已以0001号客运运价杂费收据补收重量不符9.80元，特电。

包头站行李员×㊞
202×年6月10日

第1页

票例2-1-10

79. 站车未办理交接手续

202×年3月6日，K195次列车临河站计划装行包76件，实际装76件（其中乌海6件，成都12件，兰州58件），因列车行李员未点清件数，站车未办交接，临河站应如何办理？（列车由包头客运段呼和浩特乘务室担当）

答： 临河站应在列车开车后拍发铁路电报（票例2-1-11），声明：正确装车，站车未办交接的声明电报。

铁路传真电报

签 发： 核 稿： 拟稿人：

电话：

发报所名	电报号码	等级	受理日	时 分	收到日	时 分	值机员

主送单位： 包头客运段安全乘务科

抄送单位： 乌海、兰州、成都站行李房

报 文：

　　202×年3月6日，K195次列车我站计划装车76件，实际装车76件，其中乌海6件，兰州58件，成都12件，票货相符，包装完好，正确装出。因列车行李员未点清件数，站车未办交接，特此声明。

临河站行李员 × 印
202×年3月6日

第1页

票例 2-1-11

80. 卸车后发现票货不符

　　202×年6月18日，Z284次列车包头站计划装车210件，实际装210件，与列车按实数办理交接，回库核对发现少装包头发杭州A64271号医疗器械10件之2件，纸箱包装，5千克；无票装出临河发上海药品10件之2件，10千克，纸箱包装，票号：B62271，包头站应如何办理？（列车乘务由包头客运段包头乘务室担当）

　　答：包头站拍发铁路电报（票例2-1-12）声明漏装、顶件，编制客运记录（票例2-1-13）将漏装件补运至杭州站。

81. 承运高保价行李

　　202×年3月14日，旅客在呼和浩特东站托运到北京站的行李1件，25千克，纸箱包装，内装随身衣物和旅行必需品，保价6 000.00元。呼和浩特东站应如何办理保价？

　　答：按照《铁路保价运输管理办法》第九条规定，受理单件保价金额在5 000.00元以上的行包，一批保价金额10万元及以上的行包，或其他需要重点看护的保价行包……车站应在行

```
                    铁路传真电报

签 发：              核 稿：              拟稿人：
                                          电 话：

发报所名  电报号码  等级  受理日  时 分  收到日  时 分  值机员
          01

主送单位：  包头客运段安全乘务科

抄送单位：  杭州、上海站行李房

报  文：
    202×年6月18日，Z284次列车装车顶件。漏装我发杭州医疗器械10件之2件，5千
克，纸箱包装，票号：A64271。误将临河发上海药品10件之2件，10千克，纸箱包装，
票号：B62271，无票顶件装出。特此声明。


                                  包头站行李员 × 印
                                  202×年6月18日


                                          第1页
```

票例 2-1-12

包票据、装卸交接证上标记"⚠B"标识。

呼和浩特东站在行李票上标记"⚠A"标识，在交接证上标记"⚠A"标识，与列车行李员办理交接。

82. 鲜花交付时重量短少

202×年5月10日，旅客张×到乌鲁木齐站领取包裹，票面记载品名：鲜花，包装：编织袋，2件，98千克，保价20 000.00元。该旅客在包头站交付地点复磅重量为97千克，重量短少，要求赔偿。乌鲁木齐站如何赔偿？

答：《国铁集团客规》第九十八条规定，铁路运输企业应当对承运的行李自接受承运时起到交付时止发生的灭失、短少、污染或者损坏，承担赔偿责任。

因下列原因造成的行李损失，铁路运输企业不承担责任："……2. 物品本身的自然属性或合理损耗……"

重量减少属于物品本身的自然属性或合理损耗，乌鲁木齐站不予赔偿。

呼和浩特局集团公司 　　　　　　　客统－1

客 运 记 录

第　　×　　号

记录事由：有货无票

记录内容：

杭州站行李房：

202×年6月18日，Z284次列车我站漏装我发你医疗器械，10件之2件，5千克，

票号：A64271，纸箱包装，我站已发01号电报声明，现记录运你站，请查收。

注：
1.站、车需要编制记录时均适用。
2.本记录不能作为乘车凭证。

包头 站段　编制人员　　行李员㊞　　（印）

　　　站段　　签收人员　　　　　　　（印）

202×年　6　月　18　日编制

票例 2-1-13

83. 托运保价行李

202×年5月10日，包头站，旅客王×持包头—北京 K44 次列车当日客票 1 张（客票号：F53021）托运行李到北京站：手提包 1 件，20 千克，保价 200.00 元；编织袋 1 件，36 千克，保价 300.00 元；残疾人用车 1 辆，40 千克，保价 500.00 元。包头站应如何计费？（包头—北京 824 千米）

答：（1）《国铁集团客规》第七十四条规定，行李的运到期限以运价里程计算。从承运日起，行李 600 千米以内为 3 日，超过 600 千米时，每增加 600 千米增加 1 日，不足 600 千米也按 1 日计算。

包头—北京　824 千米，该批行李运到期限为 3＋1＝4（日）。

(2)《国铁集团客规》第六十六条规定,旅客凭有效车票和有效身份证件可在乘车区间行李办理站间托运一次行李,办理时需出示车票报销凭证。每张车票允许托运行李的重量为50千克(行李中有轮椅为75千克),超出部分按2倍的行李运费计费。

《铁路客运运价规则》第二十条规定,行李、包裹均按物品重量计算运价,但有规定计价重量的物品按规定重量计价。残疾人用车规定计价重量为25千克。

该批行李总重量为20+36+25=81(千克),超重81-75=6(千克)。

75千克行李运费:75×0.435=32.60(元)

6千克行李运费:6×0.435×20=5.20(元)

合计:32.60+5.20=37.80(元)

(3)保价费。

(200.00+300.00+500.00)×0.5%=5.00(元)

84. 装车前取消托运

202×年4月20日,包头制药厂李×在包头站托运到通辽站西药5箱,200千克,保价4 000.00元,票号:X003256。21日,托运人到包头站办理取消托运(该批包裹未装车)。包头站应如何处理?(包头—通辽 1 458千米)

答:包头站收回包裹票注销,注明"取消托运"。填记退款证明书(票例2-1-14),退还全部运费,保价费不退,另用客运运价杂费收据核收变更手续费和保管费。

中国国家铁路集团有限公司　　　　　　　　　　　　　　　　　财收—16
_____运输企业　　　　　**车站退款证明书**
_____车站

填发日期 202×年4月21日　　　　　　　　　　　编号_____

票据种类	票据号码	填发日期	发站	到站	车种车号	单位	名称及地址	石家庄市二中	
包裹票	X003256	201×年4月20日	包头	通辽			开户银行及账号		甲联:车站存查
原记载	品名	品名代码	实重	计重	运价号	票价运价	运费	建设基金	
	西药		200	200	三类	365.00			
订正									
应退								365.00	
原记载								合计	
订正									
应退									

记事:发站装车前取消托运。　退款金额(大写)　叁佰陆拾伍元整

现金
上项退款已于4月21日以　如数退讫。
支票
丙联已随4月21日(旬)财收—8报运输企业。

填发人_____　　　付款人_____　　　审批人_____

票例2-1-14

70

(1)应退运费:包头—通辽 1 458 千米 200 千克三类包裹运费。

1.825×200＝365.00(元)

(2)杂费。

变更手续费:5.00 元

保管费:5×2×3.00＝30.00(元)

85. 一段行李,一段包裹

202×年 5 月 22 日,包头站,旅客李×持包头—兰州 K195 次列车当日车票 1 张,票号:E014211,托运到宝鸡站行李 2 件,35 千克,声明价格 700.00 元。请包头站计算运费和保价费。

答:因旅客持 K195 次列车包头—兰州车票 1 张,故包头—兰州,按行李托运;兰州—宝鸡,按包裹托运,全程按行李核收保价费。

(1)运费。

①查《铁路客运价里程表》,包头—兰州 979 千米,核收 35 千克行李运费,运价0.491 元/千克。

35×0.491＝17.20(元)

②查《铁路客运运价里程表》,兰州—宝鸡 503 千米,核收 35 千克三类包裹运费,运价0.707 元/千克。

35×0.707＝24.70(元)

合计:17.20＋24.70＝41.90(元)

(2)保价费。

700.00×0.5%＝3.50(元)

86. 旅客停止旅行,行李运至原到站 A

202×年 6 月 2 日,旅客张×持包头—成都 K195 次列车当日车票 1 张在包头站托运到成都站行李 2 件,50 千克,票号:C3211。6 月 3 日旅客因病在兰州站停止旅行,要求将行李运至原到站,兰州站应如何办理?(包头—成都 2 151 千米,兰州—成都 1 177 千米,包头—兰州 979 千米)

答:兰州站填制客运运价杂费收据(票例 2-1-15)收取费用。

(1)应补运费。

①已收运费:包头—成都 2 151 千米,50 千克行李运费,行李运价 0.951 元/千克。

50×0.951＝47.60(元)

②应收运费。

包头—兰州 979 千米,50 千克行李运费,行李运价为 0.491 元/千克。

50×0.491＝24.60(元)

兰州—成都 1 177 千米,50 千克三类包裹运费,包裹运价为 1.507 元/千克。

50×1.507＝75.40(元)

合计:24.60＋75.40＝100.00(元)

应补运费:100.00－47.60＝52.40(元)

(2)杂费。

变更手续费:10.00 元

合计 52.40＋10.00＝62.40(元)

丙

兰州局集团公司

客运运价杂费收据

20 2 × 年　6　月　3　日　　　　　　（报告用）

原票据	种 别	日期	202×年6月3日	月 日 时到达、通知、变更			
	行李票	号码	C3211	月 日 时 交 付			
		发站	包头				
		到站	成都	核收保管费			日
	核 收 区 间			核 收 费 用			款　额
				种别	件数	重量	
	自　　兰州　　站			行包运费差	2	50	52.40
	至　　成都　　站			变更手续费			10.00
	经由（　　宝鸡　　）						
	席别　　　人数						
				合　　计			62.40
记事	旅客在兰州停止旅行，要求行李运至到站。						
	兰州　　站经办人　　×印　　印						

A035426

票例 2-1-15

87. 夹带禁限品

202×年5月1日,大连钢窗厂职工王×在大连站托运至根河站配件5件,98千克。票号:C12345。3日,该批包裹在中转站哈尔滨站卸车时,发现其中1件,12千克;全部是香烟;1件,20千克,夹带油漆1.5千克。托运人5日到哈尔滨站领货,哈尔滨应如何处理?（缺项自设,大连到哈尔滨　946千米）

答:《国铁集团客规》第八十六条规定,将国家禁止、限制运输的物品或危险品夹带运输时,在发站取消托运,在中途站停止运送(在列车上发现危险品交前方停车站),均通知有关部门和旅客处理,已收运费不退,按该件全部重量另行加倍补收行李运费,核收保管费。

(1)已收运费不退。大连—哈尔滨　946千米,补收2件32千克四类包裹运费,四类包裹运价1.622元/千克。

$1.622 \times 32 = 51.90$(元)

(2)杂费。

保管费:3日卸我站,5日交付,我站包管3日。

$5 \times 3 \times 3.00 = 45.00$(元)

卸车费:5件,2.00元/件。

$5 \times 2.00 = 10.00$(元)

合计:$51.90 + 45.00 + 10.00 = 106.90$(元)

哈尔滨站将该批包裹扣留,将违禁品和危险品交哈尔滨车站铁路派出所,拍发铁路电报(票例2-1-16)通知大连站,转告托运人前来处理,并填制客运运价杂费收据(票例2-1-17)补收运费。

铁 路 传 真 电 报

签 发:　　　　　　核 稿:　　　　　　拟稿人:

电 话:

发报所名	电报号码	等级	受理日	时　分	收到日	时　分	值机员
	×						

主送单位:　大连站行李房

抄送单位:　根河站行李房,沈阳、哈尔滨局集团公司客运部

报　文:

202×年5月1日,你站发根河C12345号配件5件,98千克,托运人大连钢铁厂王×,在我站中转时发现其中1件,纸箱包装,12千克,全部是香烟;1件,20千克,编织袋包装,夹带油漆1桶,1.5千克,我站已将该批货物扣留,请转告托运人前来处理。

哈尔滨站行李员×㊞

202×年5月3日

第1页

票例2-1-16

丙

哈尔滨局集团公司

客运运价杂费收据

20 2× 年 5 月 5 日　　　　　　　　　　（报告用）

原票据	种 别	日期	202×年5月1日	月 日 时到达、通知、变更			
	包裹票	号码	C12345	月 日 时 交 付			
		发站	大连				
		到站	根河	核收保管费			日
核 收 区 间				核 收 费 用			款 额
				种别	件数	重量	
自 ⋯⋯ 大连 ⋯⋯ 站				四类包裹运费	2	36	51.90
至 ⋯⋯ 哈尔滨 ⋯⋯ 站				保管费	5	98	45.00
				卸车费	5	98	10.00
经由（　　　　　　）							
席别　　　　人数				合　计			106.90
记事	夹带禁限品。						

⋯⋯ 哈尔滨 ⋯⋯ 站经办人 ⋯⋯ ×印 ⋯⋯ 印

A000000

票例 2-1-17

88. 列车交无票运输货物

202×年6月18日,集宁南站装 K597 次列车,误将未办托运手续的自行车 1 辆,15 千克,混装上车。当日,K597 次列车编 12 号记录交包头站。包头站应如何办理?(集宁南—包头　323 千米)

答:包头站填写客运运价杂费收据对列车移交的无票运输行李、包裹,加倍补收四类包裹运费,并拍发铁路电报(票例 2-1-18)告知集宁南站。

(1)运费:集宁南—包头　323 千米,加倍补收自行车 1 件四类包裹运费。自行车按规定重量 25 千克计费,四类包裹运价 0.599 元/千克。

25×0.599×2=30.00(元)

(2)杂费。

卸车费:2.00(元)

合计:30.00+2.00=32.00(元)

铁路传真电报

签 发：		核 稿：			拟稿人：		
					电 话：		

发报所名	电报号码	等级	受理日	时 分	收到日	时 分	值机员
	×						

主送单位： 集宁南站行李房

抄送单位： 呼和浩特局集团公司收入稽查处

报 文：

  202×年6月18日，K597次列车编制12号记录，交你站无票自行车1辆，我站按章用035426号客运运行杂费收据补收32.00元，特电告知。

包头站行李员 ×㊞
202×年6月18日

第1页

票例 2-1-18

89. 行李超重

202×年5月12日，旅客张×持5月13日K42次列车车票1张（票号：E078541），在包头站行李房托运行李：皮箱2件，70千克，保价500.00元，内装随身衣物和旅行必需品；残疾人用车1辆，45千克，保价300.00元。包头站应如何制票？（包头—北京 824千米）

答：(1)《国铁集团客规》第七十四条规定，行李的运到期限以运价里程计算。从承运日起，行李600千米以内为3日，超过600千米时，每增加600千米增加1日，不足600千米也按1日计算。

包头—北京 824千米，运到期限为3+1=4(日)。

75千克行李运费：75×0.435＝32.60(元)

20千克行李运费：20×0.435×2＝17.40(元)

合计：32.60＋17.40＝50.00(元)

(2)《国铁集团客规》第六十六条规定，旅客凭有效车票和有效身份证件可在乘车区间行李办理站间托运一次行李，办理时需出示车票报销凭证，每张车票允许托运行李的重量为50千克(行李中有轮椅为 75 千克),超出部分按 2 倍的行李运费计费。

《铁路客运运价规则》第二十条规定,行李、包裹均按物品重量计算运价,但有规定计价重量的物品按规定重量计价,残疾人用车规定计价重量为 25 千克。

该批行李总重量为 70+25＝95(千克),超重 95－75＝20(千克)

(3)杂费。

保价费:(500+300)×0.5‰＝4.00(元)

装车费:3×2.00＝6.00(元)

标签费:3×0.50＝1.50(元)

50.00－4.00+6.00+1.50＝61.50(元)

包头站填制行李票(票例 2-1-19)。

90. 托运警犬

202×年 7 月 8 日,包头市公安局警犬基地张×持当日 K42 次列车包头—北京客票 1 张、动物检疫合格证明×号及包头市公安局证明(第×号),在包头站行李房托运警犬 2 只(装在一个铁笼里),一只 30 千克,一只 18 千克,饲料 10 千克,包头站如何制票?(K42 次列车;包头—北京 实际里程 824 千米,最短径路里程为 697 千米)

答:(1)《铁路客运运价规则》第十一条规定,包裹运价里程按最短径路计算,有指定径路时,按指定径路计算。带运、押运包裹的运价里程按实际径路计算。

K42 次列车:包头—北京 实际里程 824 千米,运价里程为 824 千米。

(2)《铁路客运运价规则》第二十条规定,行李、包裹均按物品重量计算运价,但有规定计价重量的物品按规定重量计价。警犬、猎犬每头按 20 千克计价(超重时,按实际重量计算)。

两只警犬及其饲料按三类包裹计费,计费重量为:30+20+10＝60(千克)。三类包裹运价 1.102 元/千克。

①运费。

1.102×60＝66.10(元)

②杂费。

装车费:2×2.00＝4.00(元)

卸车费:2×2.00＝4.00(元)

标签费:2×0.50＝1.00(元)

合计:66.10+4.00+4.00+1.00＝75.10(元)

包头站填制包裹票(票例 2-1-20)。

91. 保管费收取

202×年 6 月 12 日,张×从通辽站托运行李 2 件,50 千克,纸箱包装,票号:E76543,18 日到达包头站。当日包头站电话通知旅客提取货物,21 日旅客提取货物。包头站计算交付时需核收的费用。(通辽—包头 1 458 千米)

呼和浩特局集团公司
行　李　票
甲
（报告）

A000000

20 2 × 年 5 月 12 日

到　北京　站　　　　　经由　　　　　站

旅客乘坐　5　月　13　日　K44　次车　　　客票号 E078541

| 旅客姓名 | 张× | | | 共 1 人电 话：× | | |
| 住　址 | × | | | 邮政编码：× | | |

顺号	包装种类	件　数	实际重量	声明价格	运价里程	824	千米
					运到期限	4	日
1	皮箱	2	70	500.00	计重费量	规重 75	千克
2	残疾人车	1	40	300.00		超重 20	千克
					运　费	50.00	元
					保价费	4.00	元
					杂项计	7.50	元
					合　计	61.50	元
					月　日	次列车到达	
合　计			110	800.00	月　日	交　付	

记事	

包头　　　站行李员　　　×印　　㊞

X0000000000000

行李票号码：A000000

票例 2-1-19

呼和浩特局铁路局

包 裹 票

20 2× 年 7 月 8 日

到 __北京__ 站　　　　　经由 _____ 站

托运人	单位姓名: 张×					电　话: ×		
	详细地址: 包头市公安局警犬基地					邮政编码: ×		
收货人	单位姓名: 张×					电　话: ×		
	详细地址: 包头市公安局警犬基地					邮政编码: ×		

顺号	品名	包装种类	件数	实际重量	声明价格		
						运价里程	824 千米
						运到期限	5 天
1	警犬	铁笼	1	48		计费重量	60 千克
2	饲料	纸箱	1	10		运　费	66.10 元
						保价费	元
						杂项计	10.00 元
						合　计	75.10 元
						月　日	次列车到达
						月　日	时 通 知
合　计			2	58		月　日	交 付

运送情况	月 日 次列车装运	月 日到达 站
	月 日 次列车装运	月 日到达 站
	月 日 次列车装运	月 日到达 站

记事　自押人1名，附检动物检疫合格证明×号、包头市公安局证明（第×号），饲料10千克供途中喂养。警犬2只，一只30千克，一只18千克，杂项：装车费4.00元，卸车费4.00元，标签费1.00元。

__包头__ 站行李员 _____ ×印 ㊞

包裹票号码：A000000

票例 2-1-20

答:《国铁集团客规》第七十四条规定,行李的运到期限以运价里程计算。从承运日起,行李 600 千米以内为 3 日,超过 600 千米时,每增加 600 千米增加 1 日,不足 600 千米也按 1 日计算。由于不可抗力等非铁路运输企业责任发生的停留时间加算在运到期限内。

通辽—包头 1 458 千米,该批行李的运到期限为 3+2=5(日)。

通辽站 6 月 12 日承运,18 日到达包头站,共 7 日,逾期 2 日到达。

保管费:6 月 18 日包头站通知,21 日领取,存放 4 日,根据逾期到达行李、包裹免费保管 10 天的规定,该批包裹不收取保管费。

92. 托运摩托车

202×年 8 月 1 日,张×在包头站行李房托运到兰州站旧五羊 125 摩托车 1 件,100 千克,保价 300.00 元,右侧反光镜破损。包头站应如何制票?(客调命令 518 号,包头—兰州 979 千米,缺项自设)

答:《铁路客运运价规则》第二十条规定,行李、包裹均按物品重量计算运价,但有规定计价重量的物品按规定重量计价。两轮重型摩托车(汽缸容量超过 50 立方厘米时)每辆按汽缸容量每立方厘米折合 1 千克计算。

第二十四条规定,按保价运输的行李、包裹核收保价费。行李保价费按声明价格的 0.5%、包裹保价费按声明价格的 1% 计算。

第三十三条规定,客运杂费的收费项目和收费标准由国务院铁路主管部门制定……超过每件规定重量的,按其超重倍数增收装卸费。

125 摩托车计价重量 125 千克,超重倍数为 3,按照四类包裹计算运费,四类包裹运价为 1.685 元/千克。

(1)运费。

125×1.685＝210.625≈210.60(元)

(2)保价费。

300×1%＝3.00(元)

(3)杂费。

装车费:3×2.00＝6.00(元)

卸车费:3×2.00＝6.00(元)

标签费:1×0.50＝0.50(元)

合计:210.60＋3.00＋6.00＋6.00＋0.50＝226.10(元)

包头站填制包裹票(票例 2-1-21)。

93. 托运羊肉

202×年 10 月 6 日,旅客张×从乌海西站托运到包头站羊肉 2 件,共 100 千克,保价 3 000.00 元,编织袋包装,车站应如何办理?(乌海西—包头 387 千米)

答:乌海西—包头 387 千米,羊肉按二类包裹计费,二类包裹运价 0.380 元/千克。

呼和浩特局集团公司

包裹票

20 2× 年 8 月 1 日

A000000

到 __兰州__ 站　　　　　　经由 _____ 站

托运人	单位姓名：张×		电话：×
	详细地址：×		邮政编码：×
收货人	单位姓名：张×		电话：×
	详细地址：×		邮政编码：×

顺号	品名	包装种类	件数	实际重量	声明价格		
	摩托车	无	1	100	300.00	运价里程	979 千米
						运到期限	5 天
						计费重量	125 千克
						运 费	210.60 元
						保 价 费	3.00 元
						杂 项 计	12.50 元
						合 计	226.10 元
						月　日	次列车到达
						月　日	时 通 知
合 计			1	100	300.00	月　日	交 付

运送情况	月　日 次列车装运	月　日到达　站
	月　日 次列车装运	月　日到达　站
	月　日 次列车装运	月　日到达　站

| 记事 | 202×年8月1日经客调命令518号批准，旧五羊摩托车1辆，右侧反光镜破损。 |

__包头__ 站行李员 _____ __×印__ 　㊞

包裹票号码：A000000

票例 2-1-21

(1)运费。

100×0.380＝38.00(元)

(2)保价费:3 000.00×1‰＝30.00(元)

(3)杂费。

装车费:2 件,每件 2.00 元,2×2.00＝4.00(元)

卸车费:2 件,每件 2.00 元,2×2.00＝4.00(元)

标签费:2×0.50＝1.00(元)

合计:38.00＋30.00＋4.00＋4.00＋1.0＝77.00(元)

包头站收取托运羊肉的检疫证,随同运输报单一同装运至到站,并填制包裹票(票例 2-1-22)。

94. 包裹逾期到达

202×年 6 月 8 日,张×在包头站托运到二连站塑料制品 3 件,125 千克,编织袋包装,票号:C30124。13 日到达二连站,当日通知,收货人王×领取。二连站应如何办理?(包头—二连　656 千米)

答:包裹的运到期限按运价里程计算,从承运日起,400 千米之内为 3 日,超过 400 千米,每增加 400 千米另增 1 日,不足 400 千米,也按 1 日计算。

包头—二连　656 千米,根据该批货物的运到期限为 4 日。

该批货物 6 月 8 日承运,6 月 13 日到达二连站,运行 6 日,逾期 2 日。

(1)125 千克四类包裹运费。

1.180×125＝147.50(元)

(2)逾期违约金。

147.50×15‰＝22.10(元)

卸车费:3×2.00＝6.00(元)

6. 填制退款证明书(票例 2-1-23)退还逾期违约金,填制客运运价杂费收据收取运杂费。

95. 托运包裹

202×年 4 月 3 日,旅客王×在乌海西站行李房托运到集宁南站药品 1 件,3 千克,纸箱包装,保价 1 000.00 元,乌海西站应如何办理?(乌海西—集宁南　710 千米,缺项自设)

答:《铁路客运运价规》第十八条规定,行李包裹运价的计算重量以 5 千克为单位,不足 5 千克按 5 千克计算,该批药品按 5 千克计算运费。

(1)该批药品按三类包裹托运,三类包裹运价为 0.956 元/千克。

5×0.956＝4.80(元)

(2)保价费:1 000.00×1‰＝10.00(元)

(3)杂费。

装车费:2.00(元)

卸车费:2.00(元)

呼和浩特局集团公司

包 裹 票

20 2× 年 10 月 6 日

A000000

到 _____包头_____ 站　　　　经由 _____ 站

托运人	单位姓名：张×	电　话：×
	详细地址：×	邮政编码：×
收货人	单位姓名：张×	电　话：×
	详细地址：×	邮政编码：×

顺号	品名	包装种类	件数	实际重量	声明价格		
						运价里程	387　千米
						运到期限	3　天
1	羊肉	编织袋	2	100	3 000.00	计费重量	100　千克
						运　费	38.00　元
						保价费	30.00　元
						杂项计	9.00　元
						合　计	77.00　元
						月　　日	次列车到达
						月　　日	时 通 知
合　计			2	100	3 000.00	月　　日	交　付

运送情况	月　日	次列车装运	月　日到达　站
	月　日	次列车装运	月　日到达　站
	月　日	次列车装运	月　日到达　站

记事 ｜ 合格证明×号。

乌海西　　站行李员 _____　×印　　㊞

包裹票号码：A000000

票例 2-1-22

中国国家铁路集团有限公司
_____运输企业
_____车站

财收—16

车站退款证明书

填发日期 202×年6月13日 　　　　　　编号 _____

票据种类	票据号码	填发日期	发 站	到 站	车种车号	单位	名 称 及 地 址	石家庄市二中			甲联：车站存查
包裹票	C30124	202×年6月8日	包头	二连			开户银行及账号				

	品 名	品名代码	实重	计重	运价号	票价运价	运 费	建设基金	
原记载	塑料制品		125	125		四类			
订 正									
应 退								22.10	
								合 计	
原记载									
订 正									
应 退									

记事：逾期2日，退还运费15%的违约金。

退款金额（大写）　　　　贰拾贰元壹角整

上项退款已于 6 月13日以 现金 ～～～～ 如数退讫　支票

丙联已随 6 月13日（旬）财收—8 报运输企业。

填发人 _____　　付款人 _____　　审批人 _____

票例 2-1-23

标签费：$1 \times 0.50 = 0.50$（元）

合计：$4.80 + 10.00 + 2.00 + 2.00 + 0.50 = 19.30$（元）

乌海西站填制包裹票（票例 2-1-24）。

96. 旅客停止旅行,行李运至原到站 B

202×年5月24日,广州站旅客李×持当日次广州—包头客票1张,托运到包头站行李2件,60千克,票号:c20568。旅客因病在广州站停止旅行,要求行李要求继续运至包头站(行李未装出),广州站应如何办理?(广州—包头 3 132千米(行李)、2 987千米(包裹))

答:旅客发站停止旅行,要求仍将行李运至到站时,按包裹收费,应补收发站至到站的包裹于行李运费差额。

(1)已收运费:广州—包头 3 132千米,60千克行李运费。

50千克行李运费:$50 \times 1.243 = 62.20$(元)

10千克行李运费加倍:$10 \times 1.243 \times 2 = 24.90$(元)

合计:$62.20 + 24.90 = 87.10$(元)

(2)应收运费:广州—包头 2 987千米,60千克三类包裹运费,三类包裹运价3.317元/千克。

$60 \times 3.317 = 199.00$(元)

应补运费:$199.00 - 87.10 = 111.90$(元)

呼和浩特局集团公司

包 裹 票

20 2× 年 4 月 3 日

到 ....集宁南........站　　　　经由 ....站

托运人	单位姓名：王×			电　话：×		
	详细地址：×			邮政编码：×		
收货人	单位姓名：王×			电　话：×		
	详细地址：×			邮政编码：×		

顺号	品名	包装种类	件数	实际重量	声明价格		
						运价里程	710　千米
						运到期限	4　天
1	药品	纸箱	1	3	1 000.00	计费重量	5　千克
						运　费	4.80　元
						保价费	10.00　元
						杂项计	4.50　元
						合　计	19.30　元
						月　　日	次列车到达
						月　　日	时 通 知
合　计			1	3	1 000.00	月　　日	交　付

运送情况	月　日 次列车装运	月　日到达　站
	月　日 次列车装运	月　日到达　站
	月　日 次列车装运	月　日到达　站

记事

乌海西　　站行李员 _____　×印　㊞

包裹票号码：A000000

A000000

票例 2-1-24

（3）杂费。

变更手续费 5.00 元

合计：111.90＋5.00＝116.90（元）

97. 夹带危险品 B

202×年5月18日，包头站发兰州站配件2件，100千克，保价800.00元，木箱包装，票号：S56007号，装当日 K195 次列车。19日，列车行李员发现该货有汽油味，疑为内有汽油，编制012号客运记录卸至银川站。经查，其中1件，50千克，内有3千克汽油。银川站应如何处理？（托运人5月22日到银川站处理，包头—银川 511千米）

答：银川站查为汽油后，根据危险品伪报品名托运时，在中途站停止运送，拍发铁路电报通知发站转告托运人前来领取，运费不退，并对品名不符货件按实际运送区间补收四类包裹运费。

（1）查实该批包裹内有汽油后，银川站应将该批包裹扣留，将汽油交银川站铁路派出所，拍发铁路电报（票例 2-1-25）通知包头站，转告托运人前来处理。

铁路传真电报

签 发：		核 稿：			拟稿人：			
					电 话：			

发报所名	电报号码	等 级	受理日	时 分	收到日	时 分	值机员
	×						

主送单位： 包头站行李房

抄送单位： 兰州站行李房，呼和浩特局、兰州局集团公司客运部

报 文：

202×年5月19日，K195次列车编012号记录，将5月18日包头发兰州包裹S56007号，配件2件，100千克，保价500.00元，木箱包装。因有汽油味交我站，经查，其中1件，50千克的木箱，内有3千克汽油。我站已将该批货物扣留，请转告托运人前来处理。

银川站行李员 × 印

202×年5月19日

第1页

（2）银川站填制客运运价杂费收据（票例 2-1-26）收取费用。

①已收运费不退。包头—银川　511 千米,补收 1 件 50 千克四类包裹运费,四类包裹运价 0.967 元/千克。

0.967×50 千克＝48.40(元)

②杂费。

保管费:19 日卸我站,22 日交付,我站包管 4 日,

2.00×3.00×4＝24.00(元)

合计:48.40＋24.00＝72.40(元)

丙

兰州局集团公司

客运运价杂费收据

20 2× 年　5 月 22 日　　　　　　　（报告用）

原票据	种 别	日期	202×年5月18日	月　日　时到达、通知、变更		
	包裹票	号码	S56007	月 日 时 交 付		
		发站	包头			
		到站	兰州	核收保管费		日
	核 收 区 间			核 收 费 用		款 额
				种别	件数	重量	
	自 ⋯⋯ 包头 ⋯⋯ 站			四类包裹运费	1	50	48.40
	至 ⋯⋯ 银川 ⋯⋯ 站			保管费	2	100	24.00
	经由（　　　　）						
	席别 ⋯⋯ 人数 ⋯⋯			合　计			72.40
记事	其中1件配件50千克内夹带汽油,危险品伪报品名。						
	银川 ⋯⋯ 站经办人 ⋯⋯ ×印 ⋯⋯ 印						
	A035426						

票例 2-1-26

98. 行李中有证件如何制票

202× 年 3 月 14 日,旅客持 3 月 15 日 K42 次列车包头—北京车票 1 张,到包头站行李房托运行李:编织袋 1 个,内装随身衣物和户口簿,10 千克,声明价格 100.00 元。纸箱 1 个,内

装旅行必需品,5千克,声明价格100.00元。包头站应怎样办理?(K42次列车:包头—北京824千米,行李票,缺项自设)

答:(1)《国铁集团客规》第六十四条规定,行李中不得夹带的物品:"……5. 档案材料:指人事、技术档案,组织关系,户口簿或户籍关系,各种证件、证书、合同、契约等……"

(2)计算费用。

①运费:(5+10)×0.435=6.525≈6.50(元)

②运到期限:4日

③保价费:(100+100)×0.5‰=1.00(元)

④各项杂费

装车费:2×2.00=4.00(元)

标签使用服务费:2×0.5=1.00(元)

卸车费:2×2.00=4.00(元)

合计:6.5+1.00+4.00+1.00+4.00=16.50(元)

填制行李票(票例2-1-27)。

99. 有票无货

202×年8月24日,郑州站用825号挂号信,将19日郑州站发乌海站79886号菜籽1件,30千克,编织袋包装的空运输报单寄到站。26日乌海站收到空票,当日已发005号电报查询,发站未回复,该件货物一直未到。27日,收货人来站查询,乌海站应如何处理?

答:202×年8月19日,郑州站承运该件货物。郑州—包头 1 382千米,运到期限为6日,27日收货人来查询时已经逾期。乌海站应再发铁路电报查询(票例2-1-28)。

100. 制票时,行李、包裹票记事栏需注明的内容

答:车站在办理承运手续时应填写行李、包裹票,填写时应逐项正确填写,字迹清楚,使用规范文字,加盖规定印章。

下列情况应在行李、包裹票记事栏内填记有关内容:

1. 承运自行车、助力机动车、摩托车时,应注明车牌名、车牌号、车型、新或旧等车况。

2. 承运加冰、加水物品或喂养饲料时注明"加冰""加水"或"附饲料"等。

3. 承运经客调命令批准的超重超大物品时,在包裹票记事栏内填记"客调命令×号批准"。

4. 承运需提出运输证明文件的物品时,应将运输证明文件附在包裹票运输报单上以便途中和到站查验,并在包裹票记事栏内注明"附×(机关)×月×日发×号文件"。

5. 承运的包裹有人押运时,在包裹票注明"押运人×名"。

6. 承运凭书面证明免费托运的铁路砝码和衡器配件时,应在包裹票记事栏内注明"衡器检修,免费"字样,收回书面证明报局集团公司。

呼和浩特局集团公司

甲

行 李 票

（报告）

A000000

20 2× 年 3 月 14 日

到 ___北京___ 站　　　　经由 _____ 站

旅客乘坐　3 月 15 日 K42　次车到站北京　客票号

旅客姓名	李×				共 1 人电 话：×			
住　　址	×				邮政编码：×			

顺号	包装种类	件 数	实际重量	声明价格	运价里程		824	千米
					运到期限		4	日
1	编织袋	1	10	100.00	计重费量	规重	15	千克
2	纸箱	1	5	100.00		超重	0	千克
					运　费		6.50	元
					保价费		1.00	元
					杂项计		9.00	元
					合　计		16.50	元
					月　　　日			次列车到达
合　计		2	15	200.00	月　　　日		交　　　付	

记事	杂项：装车费4.00元，卸车费4.00元，货签使用服务费1.00元。

___包头___　　站行李员 ___×印___　　　㊞

X0000000000000

行李票号码:A000000

票例 2-1-27

铁路传真电报

签 发：　　　　　　　核 稿：　　　　　　　拟稿人：

　　　　　　　　　　　　　　　　　　　　　　　　电 话：

发报所名	电报号码	等级	受理日	时　分	收到日	时　分	值机员
	×						

主送单位：　郑州站行李房

抄送单位：

报　文：

　　202×年8月19日，你站发我79886号包裹1件，品名菜籽，30千克，编织袋包装。8月24日你站用825号挂号信将空票寄我站，我站当日已发（005号）电报查询，该货至今未到，收货人催领，请你站接电后，查找补运我站。

包头站行李员×㊞

202×年8月27日

第1页

票例 2-1-28

7. 承运中国铁路文工团和中国铁道建筑总公司文工团开具的证明办理免费运送的演出服装、道具、布景时，按本条第 6 项办法办理。

8. 其他需记载的事项。

第二部分　高　级　工

1. 应如何组织行李包裹运输?

答:行李、包裹运输应按照先行李后包裹、先中转后始发和长短途列车分工、安全、经济的原则,合理、均衡地组织运输。行李应随旅客所乘列车装运或提前装运;包裹应尽量以直达列车或中转次数少的列车装运。对抢险救灾物资、急救药品、零星支农物资应优先安排装运。

2. 如何领取行李?

答:旅客凭本人购票时使用的有效身份证件领取行李。他人代领时凭旅客购票时使用的有效身份证件和代领人有效身份证件领取。

3.《国铁集团客规》对行李的运到期限是有何规定?

答:行李的运到期限以运价里程计算。从承运日起,行李 600 千米以内为 3 日,超过 600 千米时,每增加 600 千米增加 1 日,不足 600 千米也按 1 日计算。由于不可抗力等非铁路运输企业责任发生的停留时间加算在运到期限内。

4. 行李票应载明哪些信息?

答:(1)承运日期、发站、到站和经由。

(2)乘坐车次、人数、车票号。

(3)旅客姓名、电话、地址。

(4)包装种类、件数、重量。

(5)声明价格。

(6)运费。

(7)运到期限、承运站站名戳及经办人员名章。

(8)铁路运输企业名称。

5.《普速大型车站服务质量规范》对行包仓库有何规定?

答:行包仓库有发送、中转、到达作业区域,根据品类划分鲜活、易腐、放射品等不同的存放区,方便存放和领取。有防火、防爆、防盗、防水、防鼠设备。

6.《国铁集团客规》规定,发现将国家禁止、限制运输的物品或危险品夹带运输时,应如何处理?

答:将国家禁止、限制运输的物品或危险品夹带运输时,在发站取消托运,在中途站停止运送(在列车上发现危险品交前方停车站),均通知有关部门和旅客处理,已收运费不退,按该件全部重量另行加倍补收行李运费,核收保管费。

7. 在车内或下车站,对超过免费重量的物品应如何处理?

答:在车内或下车站,对超过免费重量的物品,其超重部分应自上车站至下车站补收行李运费。对不可分拆的整件超重、超大物品、活动物,按该件全部重量补收上车站至下车站行李运费。

8. 列车运行中断对行李应如何安排?

答:对发站已承运的行李应妥善保管,铁路运输企业组织绕道运输时,运费不补不退。

9. 列车运行中断,旅客在发站或中途站办理退票,托运的行李应如何办理?

答:旅客在发站或中途站办理退票,而托运的行李已运至到站,要求将行李运回发站或中途站,运费不补不退。如要求将行李仍运至到站时,需另行支付全程或终止旅行站至到站两倍行李运费。

10. 行李、包裹承运后交付前包装破损,应如何处理?

答:承运后交付前发生包装破损、松散时,承运人应及时修整。修整后编制客运记录,详细记载破损原因、状况和整修后状态,并在行李、包裹运输报单的记事栏内注明"×站整修",加盖站名戳。整修费用列车站运营成本。

11. 铁路应如何为旅客办理行李托运?

答:行李托运实行实名制,办理行李托运时,铁路运输企业应核验旅客车票和有效身份证件的一致性,他人代办时还应出示代办人的有效身份证件。铁路运输企业应当依照法律、行政法规和有关规定,对旅客托运的行李进行安全检查。对不配合安全检查的,铁路运输企业有权拒绝承运。

12.《铁路旅客禁止、限制携带和托运物品目录》规定,禁止随身携带但可以托运的锐器有哪些?

答:菜刀、水果刀、剪刀、美工刀、雕刻刀、裁纸刀等日用刀具(刀刃长度超过60毫米);手术刀、刨刀、铣刀等专业刀具;刀、矛、戟等器械。

13. 铁路行李运输合同是什么?

答:铁路行李运输合同是指铁路运输企业与旅客之间明确行李运输权利义务关系的协议。行李运输合同的凭证是行李票。行李票可采用纸质票、电子票等形式。

14.《广深港高速铁路跨境旅客运输组织规则》对旅客携带品重量和体积有何规定?

答:每位旅客携带品重量和体积:成年人 20 千克;儿童(含免费乘车儿童)10 千克;外交人员 35 千克;每件物品外部尺寸长、宽、高之和不超过 130 厘米。不办理行李、包裹托运。使用行动辅助设备的老人、幼童、病人、残疾人士、孕妇等旅客旅行时代步的折叠式轮椅,以及随行婴儿使用的折叠婴儿车,可免费携带并不计入上述范围。

15.《广深港高速铁路跨境旅客运输组织规则》对旅客遗失物品的处理有何规定?

答:车上发现的旅客遗失物品应设法归还失主。如旅客已经下车,列车长应编制客运记录,注明品名、件数等移交下车站;不能判明时,移交列车前方停车站或终到站。香港西九龙站按港铁公司适用的规定、内地车站按国铁集团适用的规定妥善保管、正确交付旅客遗失物品,并妥善处理无人认领的旅客遗失物品。鲜活易腐物品和生鲜食品不予保管。旅客的遗失物品保管期为 90 天。旅客可向车站查询遗失品情况,办理认领手续。

16. 车站对无法交付物品应如何登记保管?

答:车站对无法交付的物品,应按其开始日期、来源、品名、件数、重量、规格、特征等登入无法交付物品登记簿内,登记簿内的编号、移交收据的编号及物品上的编号应一致,以便查找。对无法交付物品应由专人分管,做到账物相符。物品在保管期间发生丢失、损坏时,可参照行李、包裹事故处理的有关规定办理。

17. 车站对无法交付物品应如何变卖?

答:铁路应指定设立无法交付物品集中处理站。对超过规定保管期限的物品报铁路局集团公司,经批准后交拍卖行拍卖。拍卖所得款冲抵发生的费用后填客运运价杂费收据上缴。拍卖后在规定的期限内物主来领取时,应认真审查所有权证明,填写退款证明书退还剩余款。

18. 到站发现重量不符,应如何处理?

答:到站发现行李、包裹重量不符,应退还时,开具退款证明书将多收款退还收货人;应补收时,开具客运运价杂费收据补收正当运费,同时开具客运记录附收回的行李、包裹票报铁路局集团公司收入部门,由铁路局集团公司收入部门列应收账款向检斤错误的车站再核收与应补运费等额的罚款。

19. 丢失的行李找到后,应怎样处理?

答:丢失的旅客行李找到后,铁路运输企业应迅速通知旅客领取,撤销赔偿手续,收回赔款。如旅客不同意领取时,按无法交付物品处理。如发现有欺诈行为不肯退回赔款时,可通过法律等手段追索。

20. 对无法交付的行李,车站应如何处理?

答:对无法交付的行李,铁路运输企业应登记造册,妥善保管。国家法律、行政法规规定不能买卖的物品应及时交有关部门处理。

21.《铁路旅客运输管理规则》对办理停、限行包业务有何要求?

答:需停、限办理行包业务时,要从严掌握。停限办电报由局集团公司及以上部门发布。限制局部或部分品类可以解决的,不得扩大限制范围。停限办电报,要有明确的起止日期。

22. 旅客要求将逾期运到的行李运至新到站时,应如何办理?

答:行李逾期到达或逾期尚未到达,旅客需继续旅行,凭新购车票及原行李票号要求转运至新到站时,铁路运输企业开具新行李票,免费转运。行李未到,当时又未超过运到期限,旅客需继续旅行并凭行李票票号及新购车票办理转运新到站的手续,交付运费之后,发现行李逾期到达原到站,由新到站凭原到站开具的客运记录退还已收转运区间运费,保价费不退。逾期行李办理免费转运的,不再支付违约金。

23. 旅客应如何办理行李托运?

答:旅客凭有效车票和有效身份证件可在乘车区间行李办理站间托运一次行李,办理时需出示车票报销凭证。每张车票允许托运行李的重量为 50 千克(行李中有轮椅为 75 千克),超出部分按 2 倍的行李运费计费。

24. 办理变更运输后,产生的杂费应怎样核收?

答:办理变更运输后产生的杂费按实际产生的核收。如应退运费低于已产生的杂费时,则不补收杂费也不退还运费。但因误售、误购车票时,如果旅客还托运了行李,补收或退还已收运费与发站至正当到站间的行李运费差额。

25. 收货人向车站查找行李、包裹时,车站应如何办理?

答:收货人向车站查找行李、包裹时,应认真予以查找。未到时,在行李、包裹票背面记载查询日期。如已逾期,应向有关站段发电报查询。如已领取,应收取查询费。

26.《铁路旅客禁止、限制携带和托运物品目录》规定,禁止随身携带但可以托运的工具农具有哪些?

答:钻机、凿、锥、锯、斧头、焊枪、射钉枪、锤、冰镐、耙、铁锹、镢头、锄头、农用叉、镰刀、铡刀等。

27. 行李损失赔偿标准是什么?

答:按保价运输办理的行李全部灭失时按实际损失赔偿,但最高不超过声明价格。部分损失时,按损失部分所占的比例赔偿。分件保价的行李按所灭失该件的实际损失赔偿,最高不超过该件的声明价格。

未按保价运输的行李按实际损失赔偿,但最高连同包装重量每千克不超过 15 元。如由于铁路运输企业故意或重大过失造成的,不受上述赔偿限额的限制,按实际损失赔偿。

28. 发生行李损失,旅客应如何要求赔偿?

答:发生行李损失,旅客要求赔偿时,应在规定的期限内提出并应附下列材料:

(1)旅客有效身份证件、行李票。

(2)行包记录。

(3)证明物品内容和价格的凭证。

29. 鲜活包裹在运输途中被阻,托运人要求铁路处理时,卸车站应如何处理?

答:托运人要求铁路处理时,卸车站应处理,处理所得款填客运运价杂费上交,在记事栏内注明情况,并编制客运记录写明情况,附处理单据寄送发站,处理所得款由处理站所属铁路局集团公司收入部门汇付发站所属局集团公司收入部门。发站凭记录和单据填写退款证明书退还已收运费与发站至处理站间运费差额和物品处理所得款。记录、处理单据及收回的包裹票随退款证明书报告页上报。

30. 什么是军人优先托运服务?

答:在车站行包房的承运、交付处,设置"军人依法优先"办理窗口和标识,提供优先办理行包托运、装运、交付服务。

31. 丢失行李、包裹票的收货人提取行李、包裹时,应如何办理?

答:对丢失行李、包裹票的收货人,应要求其提出身份证和担保人的书面担保以及物品所有权的证明。车站应慎重审查担保人的担保资格。收货人提不出担保人时,可以出具押金自行担保。押金数额应与行李、包裹的价值相当,抵押时间由车站与收货人协商确定。车站收取押金应向收货人出具书面证明,书面证明的式样由车站自定。

32. 行李未到,当时又未超过运到期限,旅客需要继续旅行时,应如何办理?

答:行李未到,当时又未超过运到期限,旅客需继续旅行并凭新购车票办理转运新到站的手续,交付运费之后,发现行李逾期到达原到站,车站应编制客运记录,随同运输报单一并送交新到站,作为退还已收转运区间运费的凭证,保价费不退。

33. 客运人员作业时应如何立岗？

答：立岗姿势规范，精神饱满。站立时，挺胸收腹，两肩平衡，身体自然挺直，双臂自然下垂，手指并拢贴于裤线上，脚跟靠拢，脚尖略向外张呈"V"字形。女性可双手四指并拢，交叉相握，右手叠放在左手之上，自然垂于腹前；左脚靠在右脚内侧，夹角为45°呈"丁"字形。

34. 应如何受理旅客的咨询、求助、投诉？

答：受理旅客咨询、求助、投诉，专人负责，及时回应。实行首问首诉负责制，旅客问讯时，有问必答，回答准确；对旅客提出的问题不能解决时，指引到相应岗位，并做好耐心解释。接听电话时，先向旅客通报单位和工号。

35. 对进入站台的作业车辆及移动小机具、小推车有何要求？

答：进入站台的作业车辆及移动小机具、小推车不影响旅客乘降，不堵塞通道，不侵入安全线；停放时在指定位置，与列车平行，有制动措施；行驶或移动时，不与本站台的列车同时移动，不侵入安全线，速度不超过10千米/小时。无非作业车辆进入站台。

36. 行包使用拖车应如何编挂、装载货物？

答：行包、邮政拖车的辆数重车（含混编）不超过4辆，空车不超过5辆，混编时重车在前、空车在后。装载的货物高度距地面不超过2米，横向宽度不得超出车体两侧各0.2米，重量不超过2吨，堆码整齐，绳索捆牢，不致甩落。四周护栏拖车运行中侧向护栏锁闭。

37.《铁路电子支付运输收入管理试行办法》对铁路客货运输业务系统结账后，有何规定？

答：铁路客货运输业务系统结账后，不得办理票据的作废处理。办理退还票款、运杂费及相关费用时，均按原收款结算方式办理。违反规定造成经济损失的，由责任人赔偿。

38. 营业窗口结账有何要求？

答：营业窗口按日结账，每24小时为一个结账日。进款结账人员应及时进行对账，核对POS机打印的交易凭条、结算总计单、票据进款交接单、售票结账表、电子交易汇总表及明细表的进款金额是否相符。出现账款不符时，应填制"多少缴款凭证"按多少缴款处理。

39. 票据管理有何要求？

答：车务单位具体使用客货票据的人员要高度重视票据安全管理。要严格执行"人离加锁"制度，临时离开工作岗位，必须将制票机票仓锁闭；纸质客货票据放入票据柜内或办公桌内加锁。长时间离开须将全部票据锁入保险柜内。

40. 纸质票据保管有何要求？

答：纸质客货票据保管期限为3年（国铁集团其他业务部门规定的客货纸质票据保管年限

超过 3 年从其规定),客货票据电子数据信息保管期限为 5 年。客货票据账及相关单据、票据整理报告等汇总原始凭证及电子数据信息保管期限为 5 年。

41. 车站如何收取搬运费?

答:行李、包裹搬运费:从车站广场停车地点搬运至行包房办理处或从行包交付处搬运至广场停车地点各为一次搬运作业;由汽车搬上、搬下时,每搬一次,另计一次搬运作业。1 元/件次。超过每件规定重量的,按其超重倍数增收。携带品搬运费:从广场停车地点搬运至站台或从站台搬运至广场停车地点各为一次搬运作业;由火车、汽车搬上、搬下时,每搬一次,另计一次搬运作业。2 元/件次。每件重量以 20 千克为限,超重时按其超重倍数增收。

42. 行李、包裹运价率应如何确定?

答:行李运价率为硬座客票票价率的 1‰,即每 100 千克千米的行李运价率等于 1 人千米的硬座客票基本票价率。

包裹运价率是以三类包裹运价率为基数,其他各类包裹运价率按三类包裹的运价率加成或减成的比例确定。

43.《铁路旅客运输管理规则》规定,行包运输方案应什么时间编制? 依据什么编制?

答:行包计划运输方案应于新图实行前编制并与新图同时实行。

编制行包计划运输方案的依据:

(1)指定月份的直通、管内行包流向流量图。

(2)直通列车行包密度表等资料(按局别、中转站、终到站统计)。

(3)主要站分车次、区段装车和卸车件数。

(4)指定时间主要站行包承运件数(按局别或线别分区段资料)。

(5)特、一等站两年以内的行包流调查报告。

44.《铁路旅客运输管理规则》对包裹和中转行李的装运有何规定?

答:行李应以直达列车装运。没有直达列车时,应以中转次数最少的列车装运。途中有几个中转站中转次数相同时,应首先在有始发列车接运的车站中转。如途中有几个站都有始发列车接运,原则上应在最后一个中转站中转,但其他站应适量分担。途中都没有始发列车时,应在最后一个中转站中转。途中有两个以上径路时,在中转次数相同的情况下均可办理。特殊情况下,铁道部可指定车站增加中转次数。

45.《铁路保价运输管理办法》保价补偿由谁负责?

答:保价补偿由铁路局集团公司负责审批和办理,不得授权下属单位。报价补偿应坚持"严格把关、谨慎处理"的原则,对报价补偿的条件从严审核,严格按程序办理。

46.《铁路旅客运输管理规则》对站车办理行包交接有何规定？

答：严格执行交接制度。车站在装车前，列车在卸车前，必须先核对所装卸行包的到站、票号、件数，确认票货相符。交接时，凭填写完整的行包装卸交接证，办理交接手续并加盖规定名章，严禁信用交接。发现件数不符，行包破损或有其他异状时，经确认后应在交接证上注明现状，由交出行李员加盖规定名章。车站交接班时，凭交接簿票货核对，严格执行货动有交接，交接有手续的制度。

47. 什么原因造成的行李损失，铁路运输企业不承担责任？

答：(1)不可抗力。

(2)物品本身的自然属性或合理损耗。

(3)包装方法或容器不良，从外部观察不能发现时。

(4)旅客违反铁路规章或其他自身的过错。

48. 发生旅客携带品毁损、灭失时，铁路运输企业过错造成的，应如何处理？

答：在铁路运送期间发生旅客携带品毁损、灭失时，铁路运输企业过错造成的，应当承担赔偿责任。

旅客证明其确已携带进站乘车，且能够确定携带品价格的，按下列规定赔偿：

(1)旅客出具发票(或者其他有效证明)证明购买价格时，以扣除物品合理折旧、损耗后的净值予以赔偿。

(2)以处理单位所在地价格评估机构确定的物品价格予以赔偿。

49. 广深港高速铁路跨境旅客违规乘车且拒绝支付按本规则可征收款项，应如何处理？

答：遇旅客违规乘车且拒绝支付按本规则可征收款项时，列车工作人员应编制客运记录并将旅客交前方停车站处理。如旅客在香港西九龙站拒绝支付该款项时，港铁公司有权按《香港铁路附例》进行检控。

50. 旅客在车站发现携带品损失时，应如何处理？

答：旅客在车站发现携带品损失时，应当在离开车站前向发生站声明；在列车上发现时，应当在下车前声明，由列车长开具客运记录交到站处理。

旅客要求赔偿时，应当按照《国铁集团客规》第九十七条规定，提交携带品内容、价格、携带进站乘车等有关证明。

51. 站、车对禁带危险品应如何处理？

答：站、车应加强禁带危险品的宣传，铁路公安人员和客运人员要密切配合，共同做好检查危险品工作。实施运输安全检查时，应佩戴规定的标志。站、车对查出的危险品，应予没收，数量较大的交由铁路公安部门处理。列车上查出的危险品，由值乘的公安人员妥善保管，移交最近前方停车站公安派出所处理,车站不设公安派出所的,则由列车长编制客运记录,移交车站处理。对发令纸、鞭炮类的危险品,应立即浸水处理。对携带危险品进站上车,造成事故时,按国家有关规定处理。

52. 《普速大型车站服务质量规范》对拖车装载有何规定?

答:行包、邮政拖车的辆数重车(含混编)不超过 4 辆,空车不超过 5 辆,混编时重车在前、空车在后。装载的货物高度距地面不超过 2 米,横向宽度不得超出车体两侧各 0.2 米,重量不超过 2 吨,堆码整齐,绳索捆牢,不致甩落。四周护栏拖车运行中侧向护栏锁闭。

53. 车站安检对旅客携带品及托运的行包快件有何要求?

答:旅客携带品及托运的行包快件在车站应经过安检仪检查,无法确认安全性的液体应使用液体检测仪检查。发现可疑物品及无法辨识物品或必要时可当场开箱(包)人工检查,全面检查其规格、容器、数量等,对包装密封完好、标志清晰、无针孔、破封等异常情况,能够确认为瓶装酒、水、易拉罐饮料等物品,以及能够确认其物质安全性的肥皂等块状、膏状物品予以放行。安检设备发生故障或停电时,或托运的行李包裹因尺寸、形状、重量等原因无法过安检仪检查的,须实行人工检查。

54. 在铁路运送期间旅客发生急病、分娩、遇险时,铁路运输企业应如何处理?

答:在铁路运送期间旅客发生急病、分娩、遇险时,铁路运输企业应当尽力采取救助措施并做好记录。

铁路运输企业应当对铁路运送期间发生的旅客人身损害承担赔偿责任;旅客自身健康原因造成的或者铁路运输企业证明伤亡是旅客故意、重大过失造成的,铁路运输企业不承担赔偿责任。

在铁路运送期间因第三人原因造成旅客人身损害的,由第三人承担赔偿责任。铁路运输企业有过错的,应当在能够防止或者制止损害的范围内承担相应的补充赔偿责任。铁路运输企业承担补充赔偿责任后,有权向第三人追偿。

55. 《铁路客运运价规则》规定,行李、包裹的运价是如何计算的?

答:行李、包裹运价是根据规定的运价区段,以每千克每千米的运价率乘以通过递远递减后而确定的计价里程,再乘以 1 千克,即得 1 千克为单位的运价基数。行李、包裹起码重量为5 千克。

56. 《铁路旅客运输管理规则》对旅客及行包事故的处理有何规定?

答:对旅客及行包事故的处理,均应本着公平合理,实事求是,重合同、守信誉的原则,积极主动办理赔偿。

发生旅客及行包事故,有关单位都应认真分析原因,吸取教训,有责任的应主动承担责任,不得推卸责任。处理事故单位应依照有关规定秉公处理,不得随意列"其他""意外"事故。

57. 铁路对旅客违规携带的物品应如何处理?

答:旅客违规携带的物品按下列规定处理:

(1)在乘车站禁止进站上车。

(2)在车内或车站,对超过免费重量的物品,其超重部分应自上车站至下车站补收行李运费。对不可分拆的整件超重、超大物品、活动物,按该件全部重量补收上车站至下车站行李运费。

(3)发现危险品或禁止、限制运输的物品,妨碍公共卫生的物品,损坏或污染车辆的物品,按该件全部重量加倍补收上车站至下车站行李运费。危险品交前方停车站处理;涉嫌违法犯罪的送交公安部门处理。对有必要就地销毁的危险品应按有关规定处理。

(4)如旅客超重、超大的物品价值低于运费时,可按物品价值的 50% 核收运费。

(5)补收运费时,不得超过本次列车的始发站和终到站。不能判明上车站时,自始发站起计算。

58. 车站对旅客遗失物品应如何处理?

答:车站应设失物招领处,对本站发现或列车移交的旅客遗失物品,要及时登记、妥善保管,并在 12306 网站或车站进行公告。失主来领取时,应查验有效身份证件,核对时间、地点、车次、品名、件数、重量,确认无误后,由失主签收。

铁路运输企业可依据相关法律、行政法规和有关规定对保管的遗失物品核收保管费。

鲜活易腐物品和食品不负责保管。

无人认领的遗失物品按国家有关规定处理。

59. 行李中不得夹带哪些物品?

答:(1)货币:含各币种的纸币和金属辅币。

(2)有价票证:银行卡、储值卡等。

(3)文物。

(4)金银珠宝。

(5)档案材料:指人事、技术档案,组织关系,户口簿或户籍关系,各种证件、证书、合同、契约等。

(6)易碎品、流质物品和骨灰。

(7)妨碍公共卫生和安全的物品。

(8)危险品,铁路运输企业不能判明理化性质的物品按危险品处理。

(9)国家禁止、限制运输物品。

60. 铁路对旅客携带品有何要求？

答：旅客携带品由自己负责看管。旅客需妥善放置携带品，不得影响公共空间使用和安全。每人免费携带品的重量和规格是：

儿童 10 千克，外交人员 35 千克，其他旅客 20 千克。每件物品外部尺寸长、宽、高之和不超过 160 厘米，杆状物品不超过 200 厘米；但乘坐动车组列车均不超过 130 厘米；每件重量不超过 20 千克。平衡车、滑行器等轮式代步工具须使用硬质包装物妥善包装。

依靠辅助器具才能行动的老、幼、病、残、孕等特殊重点旅客旅行时代步的折叠式轮椅，以及随行婴儿使用的折叠婴儿车，可免费携带并不计入上述范围。

61. 行李未到继续托运

202×年 1 月 15 日，旅客张×持 1 月 10 日呼和浩特东发包头的行李票（票号：A000001，皮箱 1 件，20 千克）到包头站领取，经查找，行李未到。旅客持 202×年 2 月 15 日 2635 次列车车票要求将行李运至临河站，包头站应如何办理？

答：《国铁集团客规》第七十六条规定，行李逾期到达或逾期尚未到达，旅客需继续旅行，凭新购车票及原行李票号要求转运至新到站时，铁路运输企业开具新行李票，免费转运。

（1）包头站应在逾期未到登记簿上做好登记。

（2）包头站开具新行李票（票例 2-2-1），新行李票运费栏划斜线抹消，记事栏填写"逾期到达，免费转运"字样。

62. 票货分离

202×年 1 月 5 日，Z180 次列车（乌鲁木齐—北京西）经过呼和浩特东站，计划卸车 225 件，实际卸车 225 件，件数相符，与列车办理交接。回库核对发现票货分离，其中兰州站发呼和浩特东站票号：K0000000076143 号配件，2 件，50 千克，编织袋包装，有票无货；银川站发包头站 K00000000121 号服装，2 件，35 千克，纸箱包装，有货无票。呼和浩特东站应如何办理？（Z180 次列车乘务由乌鲁木齐客运段担当）

答：《铁路旅客运输管理规则》一百四十一条规定，行包遇有票货分离，误装误卸造成误运时，应及时处理，查清到站，编制记录转运正当到站。严禁积压，不得顶件，等货交换。

（1）呼和浩特东站应向有关站、车拍发铁路电报（票例 2-2-2 查询），调查发生差错的原因及处理意见。

（2）呼和浩特东站将有货无票货物编制记录（票例 2-2-3）补运正当到站。

63. 少装货物

202×年 11 月 2 日，包头中药材厂职工王×从宝鸡站发包头站配件 3 件，150 千克，木箱包装，票号：F98568，未保价。该批货物于 3 日 K196 次列车到达，短少 1 件，30 千克（已拍发铁路电报查询），当日卸车，王×要求领取。包头站应如何处理？如经包头站电报查询后，11 月 4 日宝鸡站发现该货漏装，宝鸡站应如何处理？

呼和浩特局集团公司

甲

行 李 票

（报告）

20 2× 年 1 月 15 日

A000001

到 _____ 临河 _____ 站   经由 _____ 站

旅客乘坐 1 月 15 日 2635 次列车到站临河 客票号

旅客姓名	张×		共 1 人电 话：×		
住 址	×		邮政编码： ×		

顺号	包装种类	件 数	实际重量	声明价格	运价里程		千米
					运到期限		日
1	皮箱	1	20		计重费量	规重	20 千克
						超重	千克
					运 费		元
					保价费		元
					杂项计		元
					合 计		元
					月 日		次列车到达
合 计		1	20		月 日		交 付

记事	逾期到达，免费转运。

_____ 包头 _____ 站行李员 _____ ×印 _____ 印

X0000000000000

行李票号码:A000001

票例 2-2-1

铁路传真电报

签　发：		核　稿：			拟稿人：		
					电　话：		

发报所名	电报号码	等级	受理日	时　分	收到日	时　分	值机员
	×						

主送单位：乌鲁木齐客运段

抄送单位：兰州、银川、包头站行李房

报　文：

　　202×年1月5日，Z180次列车我站计划卸车225件，实际卸车225件，与列车办理交接。回库核对发现票货不符，兰州发呼和浩特东K0000000076143号配件，2件，50千克，有票无货；银川发包头K00000000121号服装，2件，35千克，有货无票，特电声明。多件我站已编记录补运到站，请各站接电后协查补运我站。

呼和浩特东站行李员×㊞

202×年1月5日

第1页

票例 2-2-2

　　答：(1)货件短少，收货人要求领取时，包头站应该收回原领货凭证，向收货人交付货物并编制客运记录(票例 2-2-4)一式 2 份。1 份车站留存，1 份交货主作为领取逾期包裹的依据。

　　(2)《铁路旅客运输管理规则》第一百四十一条规定，行包遇有票货分离，误装误卸造成误运时，应及时处理，查清到站，编制记录转运正当到站。严禁积压，不得顶件、等货交换。

　　宝鸡站应及时将漏装货件，编制客运记录(票例 2-2-5)补运到站。

64. 水害线路中断，鲜活包裹中断站变卖

　　202×年5月25日，李×由兰州站托运到临河站鲜桃 30 箱，600 千克，票号：F34517。该批包裹装当日 K196 次列车，列车运行至银川站时，因前方水害线路中断；26 日，经与发站联

呼和浩特局集团公司　　　　　　　客统—1

客 运 记 录

第　×　号

记录事由：**票货分离**

记录内容：

包头站行李房：

　　202×年1月5日，Z180次列车我站卸车顶件，卸银川发你K00000000121号服

装，2件，35千克，纸箱包装，有货无票，现编记录运你站，请查收。

注：
1.站、车需要编制记录时均适用。
2.本记录不能作为乘车凭证。

呼和浩特东　站段　编制人员　　**行李员**㊞　　（印）

站段　签收人员　　　　　　　（印）

202×年　1　月　5　日编制

票例 2-2-3

系，托运人要求在被阻站处理（当地价格 3.00 元/千克）。银川站应如何处理？

答：鲜活包裹在运输途中被阻，卸车站应及时与发站联系，征求托运人处理意见。要求返回发站或变更到站时，按上述办法处理。托运人要求铁路处理时，卸车站应处理，处理所得款填客运运价杂费收据上交，在记事栏内注明情况，并编制客运记录写明情况，附处理单据寄送发站，处理所得款由处理站所属局集团公司收入部门汇付发站所属局集团公司收入部门。发站凭记录和单据填写退款证明书退还已收运费与发站至处理站间运费差额和物品处理所得款。记录、处理单据及收回的包裹票随退款证明书报告页上报。

呼和浩特局集团公司 　　　　客统—1

客 运 记 录

第　×　号

记录事由：领取凭证

记录内容：

　　202×年11月2日，宝鸡发包头F98568号配件3件，150千克，木箱包装，于11月3日K196次列车卸车少1件，30千克，我站已发电报查找，现将已到达2件，130千克，交付于你，凭此记录领取少件。

注：
1.站、车需要编制记录时均适用。
2.本记录不能作为乘车凭证。

包头 站段　编制人员　　行李员㊞　（印）

站段　签收人员　　　　　　　　（印）

202×年　11月　3日编制

票例 2-2-4

(1)银川站应货主要求，变卖鲜桃。

变卖款：3.00×600＝1 800.00(元)

卸车费：30×2.00＝60.00(元)

扣除卸车费：1 800.00－60.00＝1 740.00(元)

(2)银川站处理所得款填客运运价杂费收据(票例2-2-6)上交，在记事栏内注明情况，编制客运记录(票例2-2-7)写明情况附处理单据寄兰州站。

西安局集团公司　　　　客统—1

客 运 记 录

第 　× 　号

记录事由：有货无票，补运到站

记录内容：

包头站行李房：

202×年11月2日，我发你配件3件，150千克，票号：F98568，当日K196次列车装车漏装1件木箱，30千克，现编记录补运你站，请查收。

注：
1. 站、车需要编制记录时均适用。
2. 本记录不能作为乘车凭证。

宝鸡 站段　编制人员　　行李员㊞　　（印）

站段　签收人员　　　　　　　　（印）

202× 年 11 月 4 日编制

票例 2-2-5

65. 水害线路中断，鲜活包裹发站退费

202×年5月25日，李×由兰州站托运到临河站鲜桃30箱，600千克，票号：F34517。该批包裹装当日 K196 次列车，列车运行至银川站时，因前方水害线路中断。26日，银川站已处理，银川站用 A00001 号客运运价杂费收据上缴扣除卸车费后的货款 1 740.00 元，编制 10 号客运记录附处理单据（按当地价格 3.00 元/千克处理）连同客运运价杂费收据寄送兰州站；27日，兰州站收到，兰州站应如何计算退款金额？

答：鲜活包裹在运输途中被阻，卸车站应及时与发站联系，征求托运人处理意见。要求返

丙

兰州局集团公司

客运运价杂费收据

20 2× 年 5 月 26 日 　　　（报告用）

原票据	种别	日期	202×年5月25日	月　日　时到达、通知、变更	
	包裹票	号码	F34517	月　日　时交付	
		发站	兰州		
		到站	包头	核收保管费	日

核　收　区　间	核　收　费　用			款　额
	种别	件数	重量	
自 ……………… 站	贷款	30	600	1 740.00
至 ……………… 站				
经由（　　　　　）				
席别 ……… 人数 ………	合　计			1 740.00

记事	因水害线路中断，托运人要求在银川站处理（当地价格3.00元/千克）所得款1 800.00元，扣除卸车费60.00元。

银川 ………………… 站经办人 ………… ×㊞ ………… 印

A035426

票例 2-2-6

回发站或变更到站时，按上述办法处理。托运人要求铁路处理时，卸车站应处理，处理所得款填客运运价杂费收据上交，在记事栏内注明情况，并编制客运记录写明情况，附处理单据寄送发站，处理所得款由处理站所属局集团公司收入部门汇付发站所属局集团公司收入部门。发站凭记录和单据填写退款证明书退还已收运费与发站至处理站间运费差额和物品处理所得款。记录、处理单据及收回的包裹票随退款证明书报告页上报。

兰州站凭银川站寄送的客运记录和单据计算应退款，应退款为兰州站已收运费与发站至处理站间运费差额。

（1）已收运费：兰州—包头　761 千米（查《铁路客运运价里程表》而得），600 千克二类包裹运费，二类包裹运价 0.907 元/千克。

600×0.907＝544.20(元)

（2）应收运费：兰州—银川　468 千米（查《铁路客运运价里程表》而得），600 千克二类包裹

兰州局集团公司   客统—1

客 运 记 录

第   10   号

记录事由：

记录内容：

兰州站行李房：

因水害线路中断，根据你站要求，现将被阻于我站的5月25日你发临河站鲜桃30件，600千克，票号：F34517，在我站变卖处理（当地价格每千克3.00元），所得款1 800.00元，扣除卸车费60.00元，余1 740.00元，我站以客运运行杂票收据A035426号上缴，现编记录，随处理票据、运输报单寄你，请按章办理。

注：
1.站、车需要编制记录时均适用。
2.本记录不能作为乘车凭证。

银川 站段   编制人员   行李员㊞   （印）

站段   签收人员   （印）

202×年   5   月   26   日编制

票例 2-2-7

运费，二类包裹运价 0.466 元/千克。

$600 \times 0.466 = 279.60$（元）

应退运费 $= 544.20 - 279.60 = 264.60$（元）

退款合计：$264.60 + 1 740.00 = 2 004.60$（元）

66. 加挂自备行李车计费

202×年4月18日,包头钢铁厂自备车1辆(XL2008)装运行李,标记载重17.7吨,自包头挂运当日2635次列车到兰州站。包头站应如何计算费用?

答:《铁路客运运价规则》第二十九条规定,租用客车或企业自备客车在国家铁路的旅客列车或货物列车挂运时,按下列标准核收挂运费:"……重车:……2. 行李车:按标记载重运费的80%核收……"

兰州站应按自备车(XL2008)标记载重(17.7吨)运费的80%核收挂运费。

查《铁路客运运价里程表》,包头—兰州 979千米。

0.491×17 700＝8 690.70(元)

挂运费:8 690.70×80%＝6 952.60(元)

67. 托运残疾人用车计费

202×年4月9日,两位旅客持包头—临河K885次列车客票2张,托运铺盖卷3件,50千克;纸箱装书籍(个人阅读的)2件,64千克;残疾人用车1辆,50千克;自行车1件,30千克;儿童车1件,8千克;皮箱2件,48千克,均不保价。包头站应如何计算运费?

答:(1)包头站计算行李运费。

《铁路客运运价规则》第二十二条规定,旅客可凭客票办理一次行李托运。托运的行李在50千克以内,按行李运价计算,超过50千克时(行李中有残疾人用车时为75千克),对超过部分按行李运价加倍计算。

①铺盖卷、书籍、残疾人用车、皮箱共3＋2＋1＋2＝8(件),按行李计费:50＋64＋25＋48＝197(千克),超重197－125＝62(千克)。

125千克行李运费:125×0.122＝15.30(元)

超重62千克行李,加倍运费:62×0.122×2＝15.20(元)

合计:15.30＋15.20＝30.50(元)

②杂费。

装车费:8×2.00＝16.00(元)

标签费:8×0.50＝4.00(元)

合计:15.30＋15.20＋30.50＋16＋4.00＝81.00(元)

(2)计算包裹运费。

自行车(按25千克规定重量计费)和婴儿车不属于行李的范围,按三类包裹计费,三类包裹运价0.317元/千克。

(25＋8)×0.317＝10.50(元)

装车费:2×2.00＝4.00(元)

合计:10.50＋4.00＝14.50(元)

(3)包头站应收运费。

81.00＋14.50＝95.50(元)

68. 票货分离包裹的运到期限

202×年3月19日,旅客张×持3月20日K195次列车包头—宝鸡的客票1张,托运自行车2辆。包头站装20日K195次列车;21日,宝鸡站卸车该货有票无货;24日,兰州站编客运记录补运到宝鸡站。该批行李的运到期限是几日?是否逾期?

答:《国铁集团客规》第七十四条规定,行李的运到期限以运价里程计算,从承运日起,600千米为3日,超过600千米,每增加600千米增加1日,尾数不足600千米的也按1日计算。

查《铁路客运运价里程表》,包头—宝鸡 1 482千米,该批行李的运到期限为3+2=5(日)。

该批行李包头站202×年3月19日承运,24日到达,逾期1日。

69. 行李运到期限

202×年3月19日,旅客张×持3月20日K195次列车包头—广元的客票1张,托运行李2件,50千克,包头站装当日K195次列车。次日,广元站卸车,该货有票无货;26日,兰州编客运记录补用到广元站。该批行李的运到期限是几日?是否逾期?

答:《国铁集团客规》第七十四条规定,行李的运到期限以运价里程计算,从承运日起,600千米为3日,超过600千米,每增加600千米增加1日,尾数不足600千米的也按1日计算。

查《铁路客运运价里程表》,包头—广元 1 832千米,该批行李的运到期限为3+3=6(日)。

该批行李202×年3月19日承运,26日到达,逾期2日。

70. 可否按行李办理

202×年5月1日,旅客张×持5月3日K41次列车北京—包头的车票,到北京站办理托运行李托运,托运货物经查验为2箱,发卡,60千克。北京站可否按行李办理?依据是什么?北京站应如何办理?

答:(1)北京站不可以按行李办理。

(2)依据:《国铁集团客规》第六十三条规定,行李是旅客凭车票托运的一定限度的旅行必需品。发卡不是旅行必需品。

(3)北京站应该按三类包裹办理。

71. 未按计划全部装车

202×年12月29日,K598次列车包头站计划装行包489件,因货物多且体积较大到开车时未装完,车站、列车行李员未来得及办理交接手续,经车站清点有30件广州货物未装上,分别是:包头发Q75356号皮鞋,15件;临河发E06561号印刷品,8件;隆昌发R54621号配件,6件;乌海发T979854号食品,1件。包头站应如何处理?

答:(1)包头站编制客运记录(票例2-2-8),将漏装货物补运到站。

呼和浩特局集团公司 　客统—1

客 运 记 录

第　　05　　号

记录事由: 有货无票

记录内容:

　广州站行李房:

　202×年12月29日,包头站K598次列车应装489件,实装459件,因时间紧,货件多,有30件未装上。漏装货物为: 我发你Q75356号皮鞋,15件;临河发你E06561号印刷品,8件;银川发你R54621号配件,6件;乌海发你T979854号食品,1件,共计4批30件,有货无票,现编记录补运你站,请核收。

注:
1.站、车需要编制记录时均适用。
2.本记录不能作为乘车凭证。

包头 站段　编制人员　行李员㊞　(印)

站段　签收人员　　　　　　(印)

202×年　12月　29日编制

票例2-2-8

(2)因站车未办理交接手续,应拍发铁路电报(票例2-2-9)声明。

72. 装运后变更到站

202×年2月15日,刘×自宝鸡站托运到包头站机车配件2件,78千克,票号:B07895,保价1 500.00元。托运当日K195次列车装运后,刘×到发站要求变更到临河站。宝鸡站应如何办理?该批货物2月16日到达包头站,包头站应如何处理?

答:(1)宝鸡站应受理托运人的变更要求,拍发铁路电报(票例2-2-10)给包头站,要求将货物运至新到站,并更改托运人领取凭证的到站及收货人姓名、地址;加盖站名戳,注明日期、经办人,作为货主到新到站领取包裹的凭证及计数变更后运费差的依据。

铁路传真电报

签发：　　　　　　核稿：　　　　　　拟稿人：

电话：

发报所名	电报号码	等级	受理日	时　分	收到日	时　分	值机员
	×						

主送单位：　包头客运段安全乘务科

抄送单位：　包头客运段包头乘务室、广州站行李房

报　文：

　　202×年12月29日，K598次列车包头站应装行包489件，开车时实际装车459件，余30件来不及装车。因时间紧，站车未办理交接手续，特电声明所装货物件数正确，包装完好。漏装货物为：包头发广州Q75356号皮鞋，15件；临河发广州E06561号印刷品，8件；银川发广州R54621号配件，6件；乌海发广州T979854号食品，1件，共计30件。我站已编05号记录12月30日K598次列车补运，特电告之。

包头站行李员 × 印
202×年12月29日

第1页

票例 2-2-9

　　（2）包头站接到电报后应找出该批包裹并编制客运记录（票例 2-2-11），更改货签的发、到站，将包裹运至新到站。

73. 包装破损

　　202×年8月13日，K597次列车包头站卸车时，发现广州站发二连站保健品1件，36千克，票号：A63021，纸箱包装大破，与列车办理交接时。列车已签注该件破损，内装肠清茶外漏，回库核对时复磅重量不少，清点内装肠清茶36盒，有7盒包装变形，原包装无法继续运输。包头站应如何办理？

　　答：（1）包头站应该对破损件及时修整包装，修整后编制客运记录（票例 2-2-12），详细记载

铁路传真电报

签发：　　　　　　核稿：　　　　　　　　拟稿人：
　　　　　　　　　　　　　　　　　　　　　电话：

发报所名	电报号码	等级	受理日	时　分	收到日	时　分	值机员
	×						

主送单位：　包头站行李房

抄送单位：　临河站行李房

报　　文：

　　202×年2月15日，宝鸡发包头机车配件2件，78千克，票号：B078952，托运人要求变更临河站取货，取货人不变。该货已于2月15日K196次列车装出，请贵站接电后按章协助将上货运至新到站。

宝鸡站行李员×㊞
202×年2月15日

第1页

票例 2-2-10

破损原因，状况和整修后的状态。

　　(2)在行李、包裹运输报单的记事栏内注明"包头站修整"，加盖站名戳。

74. 夹带危险品

　　202×年5月2日，银川站发赤峰站配件 S56007 号 3 件，100 千克，保价 1 000.00 元，木箱包装，装当日 K196 次列车。3 日，包头站卸车，回库核对发现该货有刺鼻气味，疑为内有危险品，经查，其中 1 件，50 千克，内有 5 千克硫酸。包头站应如何处理？

　　答：危险品伪报品名托运时，在中途站停止运送，发电报通知发站转告托运人前来领取，运费不退，并对品名不符货件按实际运送区间补收四类包裹运费。

　　(1)包头站应将该批包裹扣留，将危险品交包头车站铁路派出所，拍发铁路电报（票例 2-2-13）通知银川站，转告托运人前来处理。

　　(2)已收运费不退，补收银川—包头，1 件 50 千克四类包裹运费。

呼和浩特局集团公司　　　　　客统—1

客 运 记 录

第 × 号

记录事由：

记录内容：

　　临河站行李房：

　　接宝鸡站×号电报要求将宝鸡发我票号：B07895，机车配件2件，78千克，保价1 500.00元，变更运你站领取。该货2月16日K196次列车我站卸车，请核收并按章办理。

注：
　　1.站、车需要编制记录时均适用。
　　2.本记录不能作为乘车凭证。

包头 站段　编制人员　行李员㊞　（印）

站段　签收人员　　　　　　（印）

202×年　2月　16日编制

票例 2-2-11

75. 部分逾期违约金计费

202×年5月15日，重庆木器厂托运至石家庄二中教具5件，146千克，票号：A00001。因特殊原因，其中3件，80千克，于19日到达，收货人未取；剩余2件，66千克于23日到达，收货人24日提取，要求铁路支付违约金。石家庄站应如何计算？（重庆北—石家庄 1 700千米）

答：行李、包裹超过规定的运到期限运到时，承运人应按逾期日数及所收运费百分比向收

呼和浩特局集团公司　　　客统—1

客 运 记 录

第　　×　　号

记录事由：修整包裹

记录内容：

二连站行李房：

202×年8月13日，K597次列车我站卸车时广州发你保健品1件，36千克，票号：A63021，卸车时外包装纸箱破损，内装肠清茶外漏，列车批注破损；回库核对重量相符，内装肠清茶36盒，其中7盒包装变形，因原包装纸箱破损严重，无法继续运输。我站用白色透明胶带进行修整，现将该货编记录附原票运你站。

注：
1.站、车需要编制记录时均适用。
2.本记录不能作为乘车凭证。

包头 站段　编制人员　　行李员㊞　　（印）

　　　站段　签收人员　　　　　　（印）

202×年　8月　13日编制

票例 2-2-12

货人支付违约金,一批行李、包裹部分按时到达,部分逾期时,按逾期部分的运费比例支付违约金。

(1)重庆北—石家庄　1 700 千米,运到期限为 3＋3＋1＝7(日)。

(2)运到期限 7 日,5 件中之 2 件,66 千克,逾期 2 日,应支付运费 10％的违约金。

①逾期 2 件,按三类包裹计费,三类包裹运价 1.989 元/千克。

1.989×66＝131.30(元)

②违约金。

131.30×10％＝13.10(元)

铁路传真电报

| 签　发： | 核　稿： | | 拟稿人： | | |
| | | | 电　话： | | |

发报所名	电报号码	等级	受理日	时　分	收到日	时　分	值机员
	×						

主送单位：　银川站行李房

抄送单位：　赤峰站行李房，呼和浩特、兰州局集团公司客运部

报　　文：

　　202×年5月3日，K196次列车卸银川发赤峰配件3件，100千克，木箱包装，票号：S56007。对货时发现有刺鼻气味，经检查，其中1件，50千克，木箱包装，内有5千克硫酸，我站已将该批货物扣留，请转告托运人前来处理。

包头站行李员 × ㊞

202×年5月3日

第1页

票例 2-2-13

76. 旅客停止旅行，行李运至原到站

202×年6月2日，旅客张×持包头—成都 K195 次列车车票 1 张，在包头站托运到成都站行李 2 件，50 千克，票号：C3211。3 日，张×因病在兰州站停止旅行，要求将行李运至原到站。兰州站应如何办理？

答：查《铁路客运运价里程表》，包头—成都　2 151 千米，包头—兰州　979 千米，兰州—成都　1 172 千米。

(1)已收包头—成都 50 千克行李运费，行李运价 0.951 元/千克。

$50 \times 0.951 = 47.60$(元)

(2)应收运费。

①包头—兰州，50 千克行李运费，行李运价 0.491 元/千克。

$50 \times 0.491 = 24.60$(元)

②兰州—成都，50 千克三类包裹运费，三类包裹运价 1.507 元/千克。

$50 \times 1.507 = 75.40$(元)

行李值班员

合计:24.60+75.40=100.00(元)

应补运费:100.00-47.60=52.40(元)

(3)杂费。

变更手续费:2×5.00=10.00(元)

合计:52.40+10.00=62.40(元)

(4)填制客运运价杂费收据(票例2-2-14)。

丙

兰州局集团公司
客运运价杂费收据

20 2× 年 6 月 3 日　　　　　　(报告用)

原票据	种别	日期	202×年6月2日	月 日 时到达、通知、变更		
	行李票	号码	C3211	月 日 时 交 付		
		发站	包头			
		到站	成都	核收保管费		日

核 收 区 间	核 收 费 用			款 额
	种别	件数	重量	
自 兰州 站	行包运费差	2	50	52.40
至 成都 站	变更手续费			10.00
经由(宝鸡)				
席别 人数	合 计			62.40

记事	旅客在兰州停止旅行,要求行李运至到站。

兰州 站经办人 ×印 印

A035426

票例 2-2-14

77. 夹带禁限品

202×年5月1日,大连钢窗厂职工王×在大连站托运至根河站配件5件,重98千克,票号:C12345。3日,该批包裹在中转站哈尔滨站卸车时,发现其中1件,12千克,全部是香烟;另1件20千克,夹带油漆1.5千克。5日,托运人到哈尔滨站到领货。哈尔滨应如何处理?

（缺项自设，大连到哈尔滨 946 千米）

答:《国铁集团客规》第八十六条规定，将国家禁止、限制运输的物品或危险品夹带运输时，在发站取消托运，在中途站停止运送（在列车上发现危险品交前方停车站），均通知有关部门和旅客处理，已收运费不退，按该件全部重量另行加倍补收行李运费，核收保管费。

（1）哈尔滨站应将该批包裹扣留，将违禁品和危险品交哈尔滨车站铁路派出所，拍发铁路电报（票例 2-2-15）通知大连站，转告托运人前来处理。

铁 路 传 真 电 报

签 发： 核 稿： 拟稿人：
电 话：

发报所名	电报号码	等级	受理日	时 分	收到日	时 分	值机员
	×						

主送单位： 大连站行李房

抄送单位： 根河站行李房，沈阳、哈尔滨局集团公司客运部

报 文：

202×年5月1日，你站发根河C12345号配件，5件，98千克，托运人大连钢铁厂王×。我站中转时发现，其中1件，纸箱包装，12千克，内装全部是香烟。我站已将该批货物扣留，请转告托运人前来处理。

哈尔滨站行李员×印
202×年5月3日

第1页

票例 2-2-15

（2）已收运费不退，补收大连—哈尔滨 946 千米，2 件 32 千克四类包裹运杂费。

① 2 件 32 千克包裹运费，四类包裹运价 1.622 元/千克。

$1.622 \times 32 = 51.90$（元）

② 杂费。

保管费：202×年 5 月 3 日卸我站，5 日交付，我站包管 3 日。

$5 \times 3 \times 3.00 = 45.00$（元）

卸车费：5 件，2 元/件。

$5 \times 2.00 = 10.00$（元）

合计:51.90＋45.00＋10.00＝106.90(元)

78.站车办理交接后发现少件

202×年5月17日,K598次列车(包头—广州)在包头站装车210件,实际装车210件,双方办理了交接手续,回库核对发现,漏装包头发长沙药品10件中的1件,5千克,纸箱包装,票号:A065034;无票装出临河发武昌1件,药品,纸箱包装,3千克,票号:B002345。包头站应如何办理? 依据是什么?

答:(1)包头站将漏装件编制客运记录(票例2-2-16)补运长沙站,拍发铁路电报(票例2-2-17)通知列车及相关车站。

呼和浩特局集团公司　　客统—1

客 运 记 录

第　　×　　号

记录事由:票货分离

记录内容:

　　长沙站行李房:

　　202×年5月17日,K598次列我站漏装我发你药品1件,5千克,票号:A065034,纸箱包装。我站已发电报声明,现记录运你站,请查收。

注:
　　1.站、车需要编制记录时均适用。
　　2.本记录不能作为乘车凭证。

包头 站段　编制人员　行李员 ⑩　(印)

站段　签收人员　　　　　　(印)

　　　　202×年　5　月　17　日编制

票例2-2-16

铁路传真电报

签　发：		核　稿：			拟稿人： 电　话：		

发报所名	电报号码	等级	受理日	时　分	收到日	时　分	值机员
	×					17：50	

主送单位：　包头客运段安全乘务科

抄送单位：　长沙、武昌站行李房

报　文：

　　202×年5月17日，K598次列车装车顶件，我发长沙药品1件，5千克，票号：A065034，纸箱包装，漏装；临河发武昌1件药品，纸箱包装，3千克，票号：B002345，无票顶件装出，请接电后将该件记录交到站。漏装件随后补运，站车办理交接，特此声明。

包头站行李员×㊞

202×年5月17日

第1页

票例 2-2-17

　　(2)依据：《铁路旅客运输管理规则》一百四十一条规定，行包遇有票货分离，误装误卸造成误运时，应及时处理，查清到站，编制记录转运正当到站。严禁积压，不得顶件，等货交换。

79. 夹带现金

　　旅客李×持临河—成都的 K195 次列车车票 1 张，托运到成都站行李 1 件，30 千克。行李包内夹有 1 万元人民币现金，请问临河站可以按行李托运吗？依据是什么？

　　答：(1)临河站可以按行李托运。

　　依据：《国铁集团客规》第六十六条规定，旅客凭有效车票和有效身份证件可在乘车区间行李办理站间托运一次行李，办理时需出示车票报销凭证。每张车票允许托运行李的重量为 50 千克(行李中有轮椅为 75 千克)，超出部分按 2 倍的行李运费计费。

· 119 ·

（2）临河站应请旅客李×将现金和身份证取出后,按行李托运。

依据:《国铁集团客规》第六十四条规定,行李中不得夹带的物品:1. 货币:含各币种的纸币和金属辅币。

80. 托运警犬

202×年7月8日,包头市公安局警犬基地张×持当日 K42 次客票1张、动物检疫证合格证明×号及包头市公安局证明(第×号),在包头站行李房托运警犬2只(装在一个铁笼里),一只 30 千克,一只 18 千克,饲料 10 千克,包头站应如何计算费用?(K42 次列车:包头—北京,实际里程 832 千米,最短径路里程为 697 千米)

答:(1)押运包裹的运价里程按实际径路计算,K42 次列车包头—北京的运价里程为 832 千米。

（2）警犬按规定计价重量 20 千克计算,超重时按实际重量计算:30+20=50(千克),另有饲料 10 千克,共 60 千克,按三类包裹计费,三类包裹运价 1.102 元/千克。

1.102×60=66.10(元)

（3）杂费。

装车费:2×2.00=4.00(元)

卸车费:2×2.00=4.00(元)

标签费:2×0.50=1.00 元

合计:66.10+4.00+4.00+1.00=75.10(元)

81. 国际联运计费

发送人从北京托运至平壤一批包裹,总重量为 1 000 千克。请问如何收费?

答:(1)该批包裹的运送路径为北京—丹东(中铁)/新义州(朝铁)—平壤。

（2）中国铁路北京—丹东国境线　1 120 千米,朝鲜铁路新义州国境线—平壤　227 千米。

（3）计算运费。

中国铁路(1 120 千米):2.76×(1 000/10)×1.77=488.52(瑞士法郎)

朝鲜铁路(227 千米):0.84×(1 000/10)×1.24=104.16(瑞士法郎)

合计:488.52+104.16=592.68(瑞士法郎)

82. 加挂自备行李车

邯郸钢铁厂邯钢企业自备车装运行李车一辆 XL3006,标记载重 17.7 吨,从邯郸站挂运202×年4月12日 2453 次列车到宜昌站(经由郑州、洛阳东、宝丰),邯郸站应如何办理?(邯郸—宜昌　990 千米,缺项自设)

答:《铁路客运运价规则》第二十九条规定,租用客车或企业自备客车在国家铁路的旅客列车或货物列车挂运时,按下列标准核收挂运费:"……重车:……2. 行李车:按标记载重运费的80%核收……"

17.7×1 000×0.51＝9 027.00(元)

9 027.00×80％＝7 221.60(元)

邯郸站填制客运运价杂费收据(票例2-2-18)收取费用。

丙

北京局集团公司

客运运价杂费收据

20 2× 年 4 月 12 日 （报告用）

原票据	种别	日期		月 日 时到达、通知、变更		
		号码		月 日 时 交 付		
		发站		核收保管费		日
		到站				

核 收 区 间		核 收 费 用			款 额
		种别	件数	重量	
自 ⋯⋯ 邯郸 ⋯⋯ 站		重车挂运费			7 221.60
至 ⋯⋯ 宜昌 ⋯⋯ 站					
经由（ 郑、洛、宝 ）					
席别 ⋯⋯ 人数		合 计			7 221.60

记事	XL3006，载重17.7吨，核收挂运费。

邯郸 站经办人 ×印 印

A035426

票例 2-2-18

83. 夹带证件 A

202×年3月14日,1名旅客持3月15日K42次列车包头—北京车票1张,到包头站行李房托运行李:编织袋1个,内装随身衣物和户口簿,10千克,声明价格100.00元;纸箱1个,内装旅行必需品,5千克,声明价格100.00元。包头站应怎样办理?(K42次列车:包头—北京 824千米,缺项自设)

答:《国铁集团客规》第六十四条规定,行李中不得夹带的物品:"⋯⋯5.档案材料:指人事、技术档案,组织关系,户口簿或户籍关系,各种证件、证书、合同、契约等⋯⋯"

包头站应要求旅客取出户口簿后按行李托运。

包头—北京　824 千米,运到期限为 3+1＝4(日)。

(1)行李运费。

(5+10)×0.435＝6.525≈6.50(元)

(2)保价费。

(100+100)×0.5‰＝1.00(元)

(3)杂费。

装车费:2×2.00＝4.00(元)

标签使用服务费:2×0.50＝1.00(元)

卸车费:2×2.00＝4.00(元)

合计:6.50+1.00+4.00+1.00+4.00＝16.5(元)

包头站填制行李票(票例 2-2-19)。

84. 编制行包装车计划

202×年 2 月 13 日,×站根据行包运输方案去东北方向在北京站中转,去西北方向在郑州站中转,由上海站中转去南方,该站终到北京(1468 次)、郑州(1568 次)、上海(2337 次)各有一趟列车,停站均为 4 分钟,如何编制该站三趟列车行包装车计划?(缺项条件自编)

答:(1)编制原则:每分钟按 15 件装车计划编制,如有超重件或卸车件数按章核减装车件数。

(2)编制每趟车行李、包裹装卸交接证(票例 2-2-20～票例 2-2-22)。

85. 填制票据整理报告

202×年 1 月 16 日,吐鲁番站行李房办理包裹 6 批,原票内容:

(1)吐鲁番发淮南,票号:a001000,配件 1 件,12 千克,声明价格 100.00 元,运费 6.00 元,保价费 1.00 元,装车费 2.00 元,合计 9.00 元。

(2)吐鲁番发阜阳,票号:a001001,配件 3 件,90 千克,声明价格 900.00 元,运费 59.90 元,保价费 9.00 元,装车费 6.00 元,合计 74.90 元。

(3)吐鲁番发贵阳,票号:a001002,钻头 1 件,4 千克,声明价格 1 000.00 元,运费 12.30 元,保价费 10.00 元,装车费 2.00 元,合计 44.50 元。

(4)吐鲁番发成都,票号 a001003,电器配件 1 件,14 千克,声明价格 800.00 元,运费 34.50 元,保价费 8.00 元,装车费 2.00 元,合计 44.50 元。

(5)吐鲁番发衡阳,票号 a001004,配件 1 件,19 千克,声明价格 1 000.00 元,运费 31.70 元,保价费 10.00 元,装车费 2.00 元,合计 43.70 元。

(6)吐鲁番发衡阳,票号 a001005 作废票。

吐鲁番站如何填制票据整理报告?

答:包裹共 7 件,139 千克,运费 144.40 元,保价费 38.00 元,装车费 14.00 元,合计 196.40 元,吐鲁番站填制票据整理报告(票例 2-2-23)。

A000000

呼和浩特局集团公司

行　李　票

甲

（报告）

20 2× 年 3 月 14 日

到　　北京　　站　　　　　　　　经由　　　　　　站

旅客乘坐　3　月 15 日　K42　次车到站北京　客票号

旅客姓名	李×		共 1 人电 话：×				
住　址	×			邮政编码：×			

顺号	包装种类	件数	实际重量	声明价格	运价里程		824	千米
					运到期限		4	日
1	编织袋	1	10	100.00	计重费量	规重	15	千克
2	纸箱	1	5	100.00		超重	0	千克
					运 费		6.50	元
					保价费		1.00	元
					杂项计		9.00	元
					合 计		16.50	元
					月　　日		次列车到达	
	合　计	2	15	200.00	月　日	交　付		

记事	杂项：装车费4.00元，卸车费4.00元，货签使用服务费1.00元。

　　　　　　　包头　　　站行李员　　　　　×印　　　印

X0000000000000

行李票号码：A000000

票例 2-2-19

123

行李、包裹装卸交接证

202×年2月13日

编号：

×：×：×

自＿＿＿车站、营业部、(次)列车 交出方　　　　　　　　(章)				交第　1468　次车站、营业部、(次)列车 车号＿＿＿＿＿		
交接合计　批数　　　件数　　　重量						
站行李员列车行李员						记事
发站	到站	行或包	票据号码	件数	重量	
×	北京	B	00021	5	170	
×	朝阳	B	00002	5	200	
×	沈阳	X	00022	3	60	
×	长春	B	00035	7	53	
×	大连	B	00025	6	36	
×	哈尔滨	B	00036	15	150	
×	大虎山	B	00037	4	80	
×	瓦房店	B	00040	5	150	
预报事项			合计	50	899	
以上件数业经收讫印 列车行李员或车站行李员						

票例 2-2-20

行李、包裹装卸交接证

202×年2月13日

编号：

×：×：×

自＿＿＿车站、营业部、(次)列车 交出方　　　　　　　　(章)				交第　1568　次车站、营业部、(次)列车 车号＿＿＿＿＿		
交接合计　批数　　　件数　　　重量						
站行李员列车行李员						记事
发站	到站	行或包	票据号码	件数	重量	
×	郑州	B	00022	5	70	
×	邯郸	B	00003	5	100	
×	新乡	X	00025	3	80	
×	石家庄	B	00036	7	53	
×	天水	X	00024	6	36	
×	兰州	B	00038	15	150	
×	西安	X	00033	4	80	
×	宝鸡	B	00042	5	150	
预报事项			合计	50	719	
以上件数业经收讫印 列车行李员或车站行李员						

票例 2-2-21

行李、包裹装卸交接证

202×年2月13日

编号：

×：×：×

自_____车站、营业部、(次)列车 交出方			(章)				交第 2337 次车站、营业部、(次)列车 车号_____	
交接合计	批数		件数		重量			

站行李员列车行李员						记事
发站	到站	行或包	票据号码	件数	重量	
×	上海	B	00029	5	170	
×	上海	B	00010	5	200	
×	杭州	X	00026	3	60	
×	金华西	B	00225	7	53	
×	厦门	X	00075	6	36	
×	南昌	B	00039	15	150	
×	福州	B	00221	4	80	
×	景德镇	B	00042	5	150	
预报事项			合计	50	899	

以上件数业经收讫印
列车行李员或车站行李员

票例 2-2-22

中国国家铁路集团有限公司
_____运输企业
_____车站

(包裹)票据整理报告

财收—4

202×年1月16日(旬)吐鲁番站第01组

票据 名称	票 号			张数	其中 作废	货物 实重	合计 金额	其中：结算方式							附注
	符号	起号	止号					现金	支票	预付 款	银行 卡	汇总 支付	网银 款	其他	
包裹	A	001000	001005	6	1	139	196.40								
合 计				6	1	139	196.40								

进 款 项 目						
顺号	项 目	金 额	顺号	项 目	金 额	
1	区段票票价	/	9	整车货物运费		
2	代用票票价	/	10	零担货物运费		
3	行李运费	/	11	集装箱货物运费		
4	包裹运费	144.40	12	水运段运杂费		
5	其他杂费	/	13	其他杂费		
6	外国铁路行包运杂费	/	14	国际联运过境货物运杂费		
7	保价费	38.00	15	路内整车装卸搬运费		
8	装车费	14.00	16	路外整车装卸搬运费		
合 计		196.40	合 计			

站长_____

经办人_____

票例 2-2-23

86. 行李超重

202×年6月14日,1名旅客持6月15日K42次列车包头—北京车票1张,到包头站行李房托运皮箱2件,90千克,内装随身衣物和旅行必需品;残疾人用车1辆,38千克,所有物品都不保价。包头站应如何办理?(包头—北京 824千米,缺项自设)

答:(1)《国铁集团客规》七十四条规定,行李的运到期限以运价里程计算。从承运日起,行李600千米以内为3日,超过600千米时,每增加600千米增加1日,不足600千米也按1日计算。由于不可抗力等非铁路运输企业责任发生的停留时间加算在运到期限内。

包头—北京 824千米,该批行李运到期限为3+1=4(日)。

(2)《国铁集团客规》第六十六条规定,旅客凭有效车票和有效身份证件可在乘车区间行李办理站间托运一次行李,办理时需出示车票报销凭证。

每张车票允许托运行李的重量为50千克(行李中有轮椅为75千克),超出部分按2倍的行李运费计费。

《铁路客运运价规则》第二十条规定,行李、包裹均按物品重量计算运价,但有规定计价重量的物品按规定重量计价。残疾人用车每辆规定计价重量25千克。

1张有效客票可托运50千克行李,超过部分(90−50)千克按行李运价2倍计算。残疾人用车按25千克计算。

①运费。

$0.435×50+0.435×25+0.435×(90−50)×2=67.425≈67.40(元)$

②杂费。

装车费:3×2.00=6.00(元)

标签使用服务费:3×0.50=1.50(元)

卸车费:3×2.00=6.00(元)

合计:67.4+6.00+1.5+6.00=80.90(元)

包头站填制行李票(票例2-2-24)。

87. 重量不符

202×年6月10日,交付6月8日由呼和浩特东—包头站行李2件,30千克,票号:X00483(k217次列车装运),发现重量不符,经复磅重50千克。包头站应如何处理?(缺项自设)

答:到站发现重量不符应补收时,只补收超重部分正当运费。

(1)包头站填制客运运价杂费收据(票例2-2-25)补收运费。

呼和浩特—包头 173千米,20千克行李运费:

20×0.103=2.00(元)

(2)包头站拍发铁路电报(票例2-2-26)声明该件重量不符,补收运费。

呼和浩特局集团公司 甲

A000000

行　李　票

（报告）

20 2× 年 6 月 14 日

到 .... 北京 .... 站　　　　　　经由 .... 站

旅客乘坐 6 月 15 日 K42 次车到站北京　客票号

旅客姓名	李×				共 1 人电 话：×
住　　址	×				邮政编码：×

顺号	包装种类	件 数	实际重量	声明价格	运价里程		824	千米
					运到期限		4	日
1	皮箱	2	90		计重费量	规重	75	千克
2	残疾人用车	1	38			超重	40	千克
					运费		67.40	元
					保价费			元
					杂项计		13.50	元
					合　计		80.90	元
					月　　日		次列车到达	
合　计		3	128		月　　日　　交　付			

记事	杂项：装车费6.00元，卸车费6.00元，货签使用服务费1.50元。

包头 .... 站行李员 .... ×印 ㊞

X0000000000000

行李票号码:A000000

丙

呼和浩特局集团公司

客运运价杂费收据

20 2× 年 6 月 10 日　　　　　（报告用）

原票据	种别		日期	202×年6月8日	月 日 时到达、通知、变更			
			号码	X00483	月 日 时 交 付			
	行李票		发站	呼和浩特东				
			到站	包头	核收保管费			日

核　收　区　间	核　收　费　用			款　额
	种别	件数	重量	
自 _____呼和浩特东_____ 站	补超重	2	20	2.00
至 _____包头_____ 站				
经由（　　　　　　）				
席别 _____ 人数 _____	合　计			2.00

记事	票面记载30千克，实重50千克，超重20千克。

_____包头_____ 站经办人 _____×印_____ 印

A000000

票例 2-2-25

88. 装车前取消托运

202×年4月20日，包头制药厂李×在包头站托运到通辽站西药5箱，200千克，保价4 000.00元，票号：X003256。21日，托运人到包头站办理取消托运（该批包裹未装车），包头站应如何处理？（包头—通辽　1 458千米）

答：包头站收回包裹票注销，注明"取消托运"。填制退款证明书（票例 2-2-27），退还全部运费，保价费不退，另用客运运价杂费收据核收变更手续费和保管费。

（1）应退运费：包头—通辽　1 458千米，200千克三类包裹运费。

1.825×200＝365.00（元）

（2）杂费。

变更手续费：5.00元

保管费：5×2×3.00＝30.00（元）

铁路传真电报

签 发：　　　　　核 稿：　　　　　拟稿人：

电 话：

发报所名	电报号码	等级	受理日	时 分	收到日	时 分	值机员
	×					17：00	

主送单位：　呼和浩特东站行李房

抄送单位：　呼和浩特局集团公司客运部

报 文：

　　202×年6月8日，你发我行李2件，30千克，票号：x00483，我站交付时发现重量不符，经复磅重50千克，10日我站用03546号客运运行杂票收据补收超重2.00元，特电声明。

包头站行李员×㊞

202×年6月10日

第1页

票例 2-2-26

中国国家铁路集团有限公司　　　　　　　　　　　　　　　　　　财收—16

_____运输企业

_____车站

车站退款证明书

填发日期 202×年4月21日　　　　　　　　编号 _____

票据种类	票据号码	填发日期	发站	到站	车种车号	单位	名称及地址	石家庄市二中	甲
包裹票	X003256	201×年4月20日	包头	通辽			开户银行及账号		联：车站存查

	品名	品名代码	实重	计重	运价号	票价运价	运费	建设基金	
原记载	西药		200	200		三类	365.00		
订 正									
应 退								365.00	
原记载								合 计	
订 正									
应 退									

记事：发站装车前取消托运。	退款金额（大写）　　　　叁佰陆拾伍元整
	现金 上项退款已于 4 月21日以　　如数退讫。 支票 丙联已随 4 月21日（旬）财收—8 报运输企业。

填发人 _____　　　　　付款人 _____　　　　　审批人 _____

票例 2-2-27

89. 包裹破损

202×年5月1日,郑州站发包头站配件1件,23千克,票号:C0111,声明价格2 000.00元。次日,K597次列车包头站卸车时,发现包装破损批注列车,进库复磅短少3.5千克。包头站应如何办理?

答:包头站拍发铁路电报(票例2-2-28)通知列车及相关车站。

铁 路 传 真 电 报

签 发: 核 稿: 拟稿人:

电 话:

发报所名	电报号码	等级	受理日	时 分	收到日	时 分	值机员
	01					10:50	

主送单位: 包头客运段安全乘务科

抄送单位: 郑州站行李房

报 文:

202×年5月2日,K597次列车卸郑州发包头配件1件,23千克,票号:C0111,声明价格2000.00元。卸车时发现包装破损,列车行李员王×签认,进库复磅短少3.5千克。特此声明。

包头站行李员× 印
202×年5月2日

第1页

票例2-2-28

90. 包裹破损,收货人要求赔偿

202×年8月14日,驻马店站发镇江站文具1件,23千克,票号:C0111,声明价格2 000.00元。次日,K151次列车镇江站卸车时,发现包装破损批注列车,进库复磅短少3.5千克。经往来电报确认,驻马店站装车前破损,责任列驻马店站。8月16日收货人领取时提出

赔偿,镇江站应如何办理?(缺项自设)

答:包头站办理如下:

(1)编制赔偿要求书(票例 2-2-29)。

赔偿金额:$2000÷23×3.5＝304$(元)

赔偿要求书

第 ___×___ 号

提赔单位名称或姓名	张×		
发站（营业部）	驻马店	到站（营业部）	镇江
票 号	C0111	品 名	文具
损失数量	文具1件23千克，报价2 000.00元，破少3.5千克		
提赔款额	赔偿304元整	计算方法	
行包记录编制站		记录号码	0001
详细通信地址	镇江站行李房	电话	
		邮编	
开户银行名称及账号	收款人： 收款银行： 收款账号：		
附件名称		份 数	

提赔单位: _____（公章）
提赔人姓名及身份证号码 _张×_____（名章）
委托人姓名及身份证号码 _×_____（名章）

_202×_年_8_月_16_日提出

赔偿要求书收据

第 × 号

兹收到 _张×_ 于_202×_年_8_月_16_日提出的 _驻马店_ 站（营业部）承运至 _镇江_ 站（营业部）品名_文具_，票号 _C0111_，发生 _破少_ 行包损失的赔偿要求书一份。

附件:

上海局集团 公司 _镇江_ 车站（营业部）（章）
_202×_年_8_月_16_日

票例 2-2-29

（2）编制货运记录（票例2-2-30）。

行包记录

NO:　　0001

一、承运概况：

办理行包类别 __包裹__ 票号 __C0111__ 于 __202×__ 年 __8__ 月 __14__ 日承运

发站（营业部） __武汉局__ 发局（公司） __驻马店__ 托运人 __张×__

到站（营业部） __上海局__ 到局（公司） __镇江__ 收货人 __张×__

到达日期 __202×__ 年 __8__ 月 __15__ 日，到达车次 __K151__ ，担当单位 _____

封印：施封单位 _____ 施封号码 _____

二、损失情况：

项目	品名	件数	包装	重量		声明价格	托运人记载事项
				托运人	承运人		
票据原记载	文具	1	编织袋	23	23		保价2 000元破少3.5千克
按照实际	文具	1	编织袋	19.5	19.5		
损失概况							

三、参加人签章：

车站（营业部）负责人 _____×_____ 编制人 ____×____ 其他人员 ____×____

收货人 __张×__

四、记录附件： __×__

五、交付行包时，托收货人意见： __要求按章赔偿__

__202×__ 年 __8__ 月 __15__ 日编制　　　　 __上海局集团__ 公司 __镇江__ 车站（营业部）（章）

注：收货人或托运人应在收到本记录的次日起一年内提出赔偿要求。

票例2-2-30

（3）编制行包事故赔款通知书（票例 2-2-31）。

行包损失赔偿通知书

第_____×_____号

主送_____张×_____：

关于 202× 年 8 月 14 日由____驻马店____站（营业部）承运到____镇江____站（营业部）

托运人_____张×_____，收货人____张×____，

票号_____C0111_____号，品名____文具____，保价____2 000.00____元，发生

_____行包损失，赔偿要求人于 202× 年 8 月 16 日要求铁路赔偿____304.00____元一案，于

_____年 8 月 16 日受理，经审定同意赔偿人民币_____叁 佰 零 肆 元 整_____元（大

写）_____。

请将上述赔款汇至：

开户银行：____×_____

银行账号：____×_____

收 款 人：____张×_____

收款人签字（盖章）：____张×_____

抄送：____上海局集团公司_____

____上海局集团公司_____

____驻马店站行李房_____

_____

_____

____上海局集团____公司____镇江____站（营业部）

202× 年 8 月 20 日

票例 2-2-31

（4）编制行包事故定责通知书（票例 2-2-32）。

行包损失定责通知书

第＿＿＿＿ × ＿＿＿＿号

＿＿<u>驻马店</u>＿＿站（营业部、公司）：

关于＿<u>镇江</u>＿站（营业部）<u>202×</u>年<u>8</u>月<u>15</u>日编＿＿＿× ＿＿＿号行包记录，

由<u>驻马店</u>站（营业部）发到＿<u>镇江</u>＿站（营业部）的行包，票号第<u>C0111</u>

号，品名＿<u>文具</u>＿，根据<u>铁路行李包裹损失处理规则</u>规定，确定为<u>其他</u>

损失，损失等级<u>轻微损失</u>，由＿＿＿、＿＿＿、＿＿＿、＿＿＿负责。

依章列＿＿＿＿＿＿＿＿责任，占＿＿ %；

＿＿＿＿＿＿＿＿＿责任，占＿＿ %；

＿＿＿＿＿＿＿＿＿责任，占＿＿ %；

……

定责依据：

＿＿＿＿＿＿＿＿＿＿＿＿＿＿＿＿＿＿＿＿＿＿＿＿＿＿＿

＿＿＿＿＿＿＿＿＿＿＿＿＿＿＿＿＿＿＿＿＿＿＿＿＿＿＿

＿＿＿＿＿＿＿＿＿＿＿＿＿＿＿＿＿＿＿＿＿＿＿＿＿＿＿

＿＿＿＿＿＿＿＿＿＿＿＿＿＿＿＿＿＿＿＿＿＿＿＿＿＿＿

＿＿＿＿＿＿＿＿＿＿＿＿＿＿＿＿＿＿＿＿＿＿＿＿＿＿＿

＿＿＿＿＿＿＿＿＿＿＿＿＿＿＿＿＿＿＿＿＿＿＿＿＿＿＿

＿<u>上海局集团</u>＿公司＿<u>镇江</u>＿站（营业部）

<u>202×</u>年<u>8</u>月<u>20</u>日

抄送：＿<u>上海局集团公司</u>＿＿＿＿＿＿

＿＿<u>上海局集团公司</u>＿＿＿＿＿＿

＿＿<u>驻马店站行李房</u>＿＿＿＿＿＿

票例 2-2-32

91. 旅客取消托运要求返回发站

202×年5月16日,旅客张×自北京站托运至郑州站行李1件,40千克,票号:A00001。次日,旅客要求取消托运运回发站。6月17日该件行李运至郑州站,郑州站接到变更电报电报将行李装车返回。18日,行李返回北京站,次日旅客领取。北京站应如何办理?(北京—郑州 695千米,缺项自设)

答:

(1)北京站向郑州站拍发铁路电报(票例2-2-33)。

(2)北京站收回原行李票,编制客运记录(票例2-2-34)。

(3)北京站填制客运运价杂费收据(票例2-2-35)收取费用。

①已收北京—郑州 695千米,40千克行李运费。

40×0.362=14.50(元)

②应收北京—郑州—北京 695×2=1 390千米,40千克行李运费。

40×0.664=26.60(元)

补收运费:26.60-14.50=12.10(元)

铁 路 传 真 电 报

签 发: 　　　　　核 稿: 　　　　　拟稿人:

电 话:

发报所名	电报号码	等级	受理日	时　分	收到日	时　分	值机员
	×					17:50	

主送单位: 郑州站行李房

抄送单位:

报　文:

　202×年5月16日,我发你行李1件,20千克,票号:A00001,旅客张×要求返回我站,请你站速返。

北京站行李员× 印

202×年5月17日

第1页

票例 2-2-33

③杂费。

变更手续费:10.00元

郑州站保管费:3.00元

装卸费 2.00+2.00＝4.00(元)

北京站卸车费:2.00元

合计:12.10＋10.00＋3.00＋4.00＋2.00＝31.10(元)

北京局集团公司　　　　客统—1

客 运 记 录

第　×　号

记录事由:运输变更

记录内容:

　　202×年5月16日,北京发郑州行李1件,20千克,票号:A00001,旅客张×

要求返回取消托运,因原行李票收回,凭此记录领取。

注:
1.站、车需要编制记录时均适用。
2.本记录不能作为乘车凭证。

北京　站段　编制人员　行李员⑪　(印)

　　　站段　签收人员　　　　　(印)

202×年　5月　17日编制

票例 2-2-34

92. 领取无票货物

202×年5月3日,K195次列车到临河站,列车行李员交客运记录一份,称包头站装车未办托运手续的无票配件1件,当日,旅客前来领取。临河站应如何办理?(缺项自设)

答:临河站会同旅客确认品名配件,称重为20千克。

临河站填制客运运价杂费收据(票例 2-2-36)收取费用。

丙

北京局集团公司
客运运价杂费收据

20 2× 年 5 月 19 日 　　　　　　　（报告用）

原票据	种别	日期	202×年5月16日	5月18日时到达√、通知、变更		
	行李票	号码	A00001	5月19日时交付		
		发站	北京			
		到站	郑州	核收保管费 　/ 　 日		

核 收 区 间	核 收 费 用			款 额
	种别	件数	重量	
自 北京 站	补收行李运费差额	1	40	12.10
至 郑州 站	卸车费	1	40	2.00
经由（ / ）	郑州站装卸费	1	40	4.00
	郑州站保管费	1	40	3.00
席别 人数	变更手续费	1	40	10.00
	合 计			31.10

记事	取消托运，行李由到站返回。

北京 站经办人 ×印 印

A000000

票例 2-2-35

①加倍补收包头—临河　218 千米，20 千克四类包裹运费。

20×0.412×2＝16.50（元）

②杂费。

装车费：2.00 元

卸车费：2.00 元

合计：16.50＋2.00＋2.00＝20.50（元）

93. 托运自行车

202×年6月3日，旅客张×持202×年6月5日包头—沈阳北 T304 次列车车票 1 张，在包头站行李房托运到沈阳北站 1 辆旧美利达自行车。自行车脚蹬破损，13 千克，声明价格 2 000.00 元，包头站应如何办理？（包头—沈阳北　1 563 千米，缺项自设）

丙

呼和浩特局集团公司

客运运价杂费收据

20 2× 年 5 月 33 日　　　　　（报告用）

原票据	种　别	日期		月　日　时到达、通知、变更			
		号码		月　日　时　交　付			
		发站					
		到站		核收保管费			日

核　收　区　间		核　收　费　用			款　　额
		种别	件数	重量	
自 _____包头_____ 站		四类包裹加倍运费	1	20	16.50
至 _____临河_____ 站		卸车费	1	20	2.00
经由（　　　　　）		保管费	1	20	2.00
席别 _____ 人数 _____					
		合　　计			20.50

记事	K195次列车编01号客运记录交无票运输配件1件。

_____临河_____ 站经办人 _____×㊞_____ 印

A000000

票例 2-2-36

答：《铁路客运运价规则》第二十条规定：行李、包裹均按物品重量计算运价，但有规定计价重量的物品按规定重量计价。自行车按指定重量 25 千克计费。

《国铁集团客规》第六十三条规定，行李是旅客凭车票托运的一定限度的旅行必需品。自行车只能按照包裹托运。

（1）包头—沈阳北　1 563 千米，自行车按三类包裹托运，三类包裹运价为 1.898 元/千克

$25 \times 1.898 = 47.50$（元）

（2）保价费。

$2 000.00 \times 1‰ = 20.00$（元）

（3）杂费。

装车费：2.00 元

卸车费：2.00 元

标签费：0.50 元

费用合计:47.50+20.00+2.00+0.50=70.00(元)

包头站填制包裹票(票例 2-2-37)。

呼和浩特局集团公司

包　裹　票

A000000

20 2× 年 6 月 3 日

到　　沈阳北　　站　　　　　　　经由　　　　　　　站

托运人	单位姓名:张×			电　话:×	
	详细地址:×			邮政编码:×	
收货人	单位姓名:×			电　话:×	
	详细地址:×			邮政编码:×	

顺号	品名	包装种类	件数	实际重量	声明价格	运价里程	1 563 千米
						运到期限	6　天
1	自行车	无	1	13	2 000.00	计费重量	25　千克
						运　费	47.50 元
						保价费	20.00 元
						杂项计	2.50 元
						合　计	70.00 元
						月　　日	次列车到达
						月　　日	时 通 知
合　计			1	13	1 000.00	月　　日	交　付

运送情况	月　日 次列车装运	月　日到达　站
	月　日 次列车装运	月　日到达　站
	月　日 次列车装运	月　日到达　站

记事	杂项:装车费2.00元,标签费0.50元。"旧美利达自行车脚蹬破损"。

　　　　包头　　站行李员　　　　　　　×印　　㊞

包裹票号码: A000000

票例 2-2-37

94. 无法交付物品

根据下列内容,对包头站202×年9月份到期无法交付物品进行处理,要求公告、拍发电报、编制无法交付物品处理报告、填写无法交付物品处理清单、变卖剩余款开客运运价杂费收据上交。

202×年1月15日,洛阳发a001,1件仪表;1月10日,合肥发b002,1件报纸;1月10日,无锡发c003,1件报纸;1月14日,襄樊发d004,2件配件;1月10日,长沙发e005,3件配件。

答:《国铁集团客规》第八十七条规定,对无法交付的行李,铁路运输企业应登记造册,妥善保管。国家法律、行政法规规定不能买卖的物品应及时交有关部门处理。

第八十八条规定,行李从运到日起,90日以内仍无人领取时,铁路运输企业应进行公布。公布90日以后仍无人领取时,铁路运输企业可以变卖。

(1)包头站拍发铁路电报(票例2-2-38)声明。

(2)包头站发布车站公告(票例2-2-39)。

(3)包头站编制无法交付物品处理报告(票例2-2-40)。

(4)包头站填制无法交付物品处理清单(票例2-2-41)。

铁 路 传 真 电 报

签 发: 核 稿: 拟稿人:

电 话:

发报所名	电报号码	等级	受理日	时 分	收到日	时 分	值机员
	×					17:50	

主送单位: 洛阳、合肥、无锡、襄樊、长沙站行李房

抄送单位:

报 文:

    202×年1月15日,洛阳发a001,1件仪表;1月10日,合肥发b002,1件报纸;1月10日,无锡发c003,1件报纸;1月14日,襄樊发d004,2件配件;1月10日,长沙发e005,3件配件。以上包裹至今无人领取,请速通知发货人转告收货人领取,我站已按章公告,逾期不领,我站将按章处理。

包头站行李员×㊞

202×年4月30日

第1页

票例 2-2-38

公 告

到达日期	发站	票号	件数	重量	品名	发货人	收货人
1月17日	洛阳	A001	1	2	仪表	×	×
1月12日	合肥	B002	1	6	报纸	×	×
1月11日	无锡	C003	1	5	报纸	×	×
1月16日	襄樊	D004	2	58	配件	×	×
1月13日	长沙	E005	3	78	配件	×	×
						新乡站行李房	
						202×年4月30日	

票例 2-2-39

包头站行李房无法交付物品处理报告

呼和浩特局集团公司客运部:

我站202×年4月份,共有无法交付物品5批8件,已按规定通知和对外公告,至今未有人领取。根据《中国国家铁路集团有限公司铁路旅客运输规程》规定,经收购部门估价,特请批准按章处理。

附:物品清单1份

特此报告

包头站行李房

202×年8月30日

车站审批意见: 铁路局集团公司审批意见:

票例 2-2-40

包头站202×年9月行包无法交付物品处理清单

下列物品上报铁路局集团公司批复处理,5批8件202×年9月1日车站签章(印)

编号	承运时间			发站	票号	品名	件数	重量	到达时间			发货人	收货人	处理价格	备注
	年	月	日						年	月	日				
1	22	1	13	洛阳	A001	仪表	1	2	22	1	17	×	×	100	
2	22	1	9	合肥	B002	报纸	1	6	22	1	12	×	×	6	
3	22	1	8	无锡	C003	报纸	1	5	22	1	11	×	×	5	
4	22	1	12	襄樊	D004	配件	2	58	22	1	16	×	×	160	
5	22	1	9	长沙	E005	配件	3	78	22	1	13	×	×	240	
合 计														511	

票例 2-2-41

95. 托运包裹

202×年2月3日,王×在集宁南站行李房托运到乌海西站药品1件,2千克,纸箱包装,保价1 000.00元。集宁南站应如何办理?(集宁南—乌海西 710千米,缺项自设)

答:行李包裹运价的计算重量以5千克为单位,不足5千克按5千克计算,该批药品按5千克计算运费。

(1)运费。

5×0.956=4.80(元)

(2)杂费。

保价费:1 000.00×1‰=10.00(元)

装车费:2.00元

卸车费:2.00元

标签费:0.50元

合计:4.80+10.00+2.00+2.00+0.50=19.30(元)

集宁南站填制包裹票(票例2-2-42)收取费用。

96. 托运摩托车

202×年8月1日,张×在包头站行李房托运到临河站旧五羊125摩托车1件,100千克,保价300.00元,右侧反光镜坏。包头站应如何办理?(客调命令518号,包头—兰州 979千米,缺项自设)

答:汽缸容量超过50立方厘米时,按重型摩托车办理,计费重量按汽缸容量每立方厘米折合1千克计算。

该件五羊125摩托车按125千克计费,摩托车按四类包裹计算运费。

(1)运费:125×0.412=51.50(元)

(2)杂费。

保价费:300.00×1‰=3.00(元)

装车费:超重包裹按超重倍数核收装车费:3×2.00=6.00(元)

标签费:1×0.50=0.50(元)

合计:51.50+3.00+6.00+0.50=61.00(元)

包头站填制包裹票(票例2-2-43)。

97. 办理海鲜托运

202×年9月6日,旅客张×从呼和浩特东站托运到临河站海鲜2件,50千克,保价300.00元,泡沫箱包装。车站应如何办理?(缺项自设)

答:海鲜按二类包裹计费。

(1)运费。

5×0.409=20.50(元)

呼和浩特局集团公司

包 裹 票

20 2 × 年 2 月 3 日

A000000

到 ___乌海西___ 站　　　　经由 _____ 站

托运人	单位姓名：王 ×	电 话：×
	详细地址：×	邮政编码：×
收货人	单位姓名：王 ×	电 话：×
	详细地址：×	邮政编码：×

顺号	品名	包装种类	件 数	实际重量	声明价格		
						运价里程	710 千米
						运到期限	4 天
1	药品	纸箱	1	2	1 000.00	计费重量	5. 千克
						运 费	4.80 元
						保价费	10.00 元
						杂项计	4.50 元
						合 计	19.30 元
						月 日	次列车到达
						月 日	时 通 知
合 计			1	3	1 000.00	月 日	交 付

运送情况	月 日 次列车装运	月 日到达 站
	月 日 次列车装运	月 日到达 站
	月 日 次列车装运	月 日到达 站

记事

集宁南　站行李员 _____ ×印　㊞

包裹票号码：A000000

票例 2-2-42

143

呼和浩特局集团公司

包 裹 票

A000000

20 2× 年 1 月 8 日

到 ___临河___ 站　　　　经由 _____ 站

托运人	单位姓名：张 ×				电话：×	
	详细地址：×				邮政编码：×	
收货人	单位姓名：张 ×				电 话：×	
	详细地址：×				邮政编码：×	

顺号	品名	包装种类	件 数	实际重量	声明价格		
						运价里程	218 千米
						运到期限	3 天
	摩托车	无	1	100	300.00	计费重量	125 千克
						运 费	51.50 元
						保价费	3.00 元
						杂项计	6.50 元
						合 计	61.00 元
						月 日	次列车到达
						月 日	时 通 知
合 计			1	100	300.00	月 日	交 付

运送情况	月 日 次列车装运	月 日到达 站
	月 日 次列车装运	月 日到达 站
	月 日 次列车装运	月 日到达 站

记事：202×年8月1日经客调命令518号批准，旧五羊摩托车1辆，右侧反光镜破损。杂项：装车费6.00元，标签费0.50元。

___包头___ 站行李员 ___×印___ 印

包裹票号码：A000000

票例 2-2-43

144

(2)杂费。

保价费:300.00×1‰=3.00(元)

装车费:2×2.00=4.00(元)

标签费:2×0.50=1.00(元)

合计:20.50+3.00+4.00+1.00=28.50(元)

呼和浩特东站填制包裹票(票例2-2-44)。

98. 一段行李,一段包裹

202×年5月22日,旅客李×持包头—兰州K195次列车车票1张,票号:E014211,托运到宝鸡站行李2件,35千克,声明价格700.00元。包头站应如何计算运费和保价费?(缺项自设)

答:

(1)运费。

①因为旅客持包头—兰州的车票1张,包头—兰州 979千米(查《铁路客运运价里程表》获得),按行李计费:

35×0.491=17.20(元)

②兰州—宝鸡 503千米,按三类包裹计费:

35×0.707=24.70(元)

合计:17.20+24.70=41.90(元)

(2)一段行李、一段包裹托运时,全程按行李核收保价费。

700.00×0.5‰=3.50(元)

99. 托运残疾人用车

202×年6月14日,旅客张×持6月15日K44次列车包头—北京车票1张,到包头站行李房托运皮箱2件,90千克,内装随身衣物和旅行必需品;残疾人车1辆,50千克。所有物品都不保价,托运到站北京。包头站应如何办理?(缺项自设)

答:《国铁集团客规》第七十四条规定,行李的运到期限以运价里程计算。从承运日起,行李600千米以内为3日,超过600千米时,每增加600千米增加1日,不足600千米也按1日计算。

第六十六条规定,旅客凭有效车票和有效身份证件可在乘车区间行李办理站间托运一次行李,办理时需出示车票报销凭证。每张车票允许托运行李的重量为50千克(行李中有轮椅为75千克),超出部分按2倍的行李运费计费。

《铁路客运运价规则》第二十条规定,行李、包裹均按物品重量计算运价,但有规定计价重量的物品按规定重量计价。残疾人用车规定计价重量为25千克。

查《铁路客运运价里程表》,包头—北京 824千米,该批行李运到期限为3+1=4(日)。

呼和浩特局集团公司

包 裹 票

20 2× 年 9 月 6 日

到 ....临河........ 站　　　　经由 .... 站

托运人	单位姓名：张×	电　话：×
	详细地址：×	邮政编码：×
收货人	单位姓名：张×	电　话：×
	详细地址：×	邮政编码：×

顺号	品名	包装种类	件数	实际重量	声明价格		
						运价里程	391 千米
						运到期限	3 天
1	海鲜	泡沫箱	2	50	300.00	计费重量	50 千克
						运　费	20.50 元
						保价费	3.00 元
						杂项计	5.00 元
						合　计	28.50 元
						月　日	次列车到达
						月　日	时 通 知
合　计			2	50	300.00	月　日	交　付

运送情况	月 日 次列车装运	月 日到达 站
	月 日 次列车装运	月 日到达 站
	月 日 次列车装运	月 日到达 站

记事：鲜活包裹加冰运输。杂项：装车费4.00元，标签费1.00元。

呼和浩特东　站行李员 _____　×印　㊞

包裹票号码：A000000

票例 2-2-44

(1)运费。

(50＋25)×0.435＋(90－50)×0.435×2＝67.40(元)

(2)杂费。

装车费:3×2.00＝6.00(元)

标签费:3×0.50＝1.50(元)

合计:67.40＋6.00＋1.50＝74.90(元)

包头站填制行李票(票例 2-2-45)。

100. 夹带证件 B

202×年 3 月 4 日,旅客张×持 3 月 5 日 K44 次列车包头—北京车票 1 张,到包头站行李房托运行李:旅行箱 1 个,内装随身衣物和户口簿,20 千克,声明价格 1 000.00 元;纸箱 1 个,内装个人阅读的书籍,30 千克,声明价格 1 000.00 元。包头站应如何办理?(缺项自设)

答:《国铁集团客规》第六十四条规定,行李中不得夹带的物品:"……5. 档案材料,指人事、技术档案,组织关系、户口簿或户籍关系,各种证件、证书、合同、契约等……"

包头站要求托运人将户口簿取出后,按行李托运。

(1)《国铁集团客规》第七十四条规定,行李运到期限以运价里程计算。以承运日起,行李 600 千米,以内为 3 日,超过 600 千米时,每增加 600 千米增加 1 日,不足 600 千米也按 1 日计算。

查《铁路客运运价里程表》,K42 次列车北京—包头,运价里程为 824 千米,该批行李运到期限为 3＋1＝4(日)。

(2)《国铁集团客规》第六十六条规定,旅客凭有效车票和有效身份证件可在乘车区间行李办理站间托运一次行李,办理时需出示车票报销凭证。每张车票允许托运行李的重量为 50 千克(行李中有轮椅为 75 千克),超出部分按 2 倍行李计费。

(20＋30)×0.435＝21.80(元)

(3)保价费。

(1 000.00＋1 000.00)×0.5‰＝10.00(元)

(4)杂费。

装车费:2×2.00＝4.00(元)

标签费:2×0.50＝1.00(元)

合计:21.80＋10.00＋4.00＋1.00＝36.80(元)

包头站填制行李票(票例 2-2-46)。

呼和浩特局集团公司

行 李 票

甲

（报告）

20 2× 年 6 月 14 日

到 ......北京...... 站　　　　　　经由 .... 站

旅客乘坐 6 月 15 日 K44 次车到站北京　客票号

A000000

| 旅客姓名 | 张× | 共 1 人电 话：× | | |
| 住　址 | × | 邮政编码： × | | |

顺号	包装种类	件 数	实际重量	声明价格	运价里程		824	千米
					运到期限		4	日
1	皮箱	2	90		计重费量	规重	115	千克
2	残疾人车	1	50			超重	40	千克
					运 费		67.40	元
					保价费			元
					杂项计		7.50	元
					合 计		74.90	元
					月　日		次列车到达	
	合 计	3	110		月　日		交　付	

记事	杂项小计：装车费：6.00元，标签费：1.50元。

......包头......　站行李员 ......×印...... ⑪

X0000000000000

行李票号码:A000000

票例 2-2-45

A000000

呼和浩特局集团公司

行 李 票

甲

（报告）

20 2× 年 3 月 4 日

到 ___北京___ 站　　　　经由 _____ 站

旅客乘坐 3 月 5 日 K44 次车到站北京 客票号

旅客姓名	张×			共 1 人电 话：×			
住 址	×			邮政编码：×			

顺号	包装种类	件 数	实际重量	声明价格	运价里程		824 千米
					运到期限		4 日
1	皮箱	1	20	1 000.00	计重费量	规重	50 千克
2	纸箱	1	30	1 000.00		超重	千克
					运 费		21.80 元
					保价费		10.00 元
					杂项计		5.00 元
					合 计		36.80 元
					月 日		次列车到达
合 计		2	50	2 000.00	月 日	交	付

记事 杂项小计：装车费5.00元，标签费1.00元。

___包头___ 站行李 员 _____ ×印 ㊞

X0000000000000

行李票号码:A000000

票例 2-2-46

第三部分　技　师

1. 行李、包裹承运后交付前包装破损,应如何处理?

答:承运后交付前发生包装破损、松散时,承运人应及时修整。修整后编制客运记录,详细记载破损原因、状况和整修后状态,并在行李、包裹运输报单的记事栏内注明"××站整修",加盖站名戳。整修费用列车站运营成本。

2. 车站对无法交付物品应该如何登记保管?

答:车站对无法交付的物品,应按其开始日期、来源、品名、件数、重量、规格、特征等登入无法交付物品登记簿内,登记簿内的编号、移交收据的编号及物品上的编号应一致,以便查找。对无法交付物品应由专人分管,做到账物相符。物品在保管期间发生丢失、损坏时,可参照行李、包裹事故处理的有关规定办理。

3. 车站对无法交付物品应该如何变卖?

答:铁路应指定设立无法交付物品集中处理站。对超过规定保管期限的物品报铁路局集团公司,经批准后交拍卖行拍卖。拍卖所得款冲抵发生的费用后填客运运价杂费收据上缴。拍卖后在规定的期限内物主来领取时,应认真审查所有权证明,填写退款证明书退还剩余款。

4. 旅客要求将逾期运到的行李运至新到站时,应如何处理?

答:行李逾期到达或逾期尚未到达,旅客需继续旅行,凭新购车票及原行李票号要求转运至新到站时,铁路运输企业开具新行李票,免费转运。行李未到,当时又未超过运到期限,旅客需继续旅行并凭行李票票号及新购车票办理转运新到站的手续,交付运费之后,发现行李逾期到达原到站,由新到站凭原到站开具的客运记录退还已收转运区间运费,保价费不退。逾期行李办理免费转运的,不再支付违约金。

5. 旅客应如何办理行李托运?

答:旅客凭有效车票和有效身份证件可在乘车区间行李办理站间托运一次行李,办理时需出示车票报销凭证。每张车票允许托运行李的重量为 50 千克(行李中有轮椅为 75 千克),超出部分按 2 倍的行李运费计费。

6. 收货人向车站查找行李、包裹时,车站应如何办理?

答:收货人向车站查找行李、包裹时,应认真予以查找。未到时,在行李、包裹票背面记载查询日期。如已逾期,应向有关站段发电报查询。如已领取,应收取查询费。

7.《铁路旅客运输管理规则》对办理停、限行包业务有何要求?

答:需停、限办理行包业务时,要从严掌握。停限办电报由铁路局集团公司及以上部门发布。限制局部或部分品类可以解决的,不得扩大限制范围。停限办电报,要有明确的起止日期。

8.《广深港高速铁路跨境旅客运输组织规则》对实名制管理有何规定?

答:实名制车票须凭乘车人有效身份证件购买,旅客进站、乘车时,须出示购票时所使用的有效身份证件原件。票、证、人一致方可进站、乘车,乘车人票、证、人不一致按无票处理。乘车人须接受铁路运输企业的查验,并确认出入境证件及签注有效。

9. 铁路如何为旅客办理行李托运?

答:行李托运实行实名制,办理行李托运时,铁路运输企业应核验旅客车票和有效身份证件的一致性,他人代办时还应出示代办人的有效身份证件。铁路运输企业应当依照法律、行政法规和有关规定,对旅客托运的行李进行安全检查。对不配合安全检查的,铁路运输企业有权拒绝承运。

10. 应如何受理旅客的咨询、求助、投诉?

答:受理旅客咨询、求助、投诉,专人负责,及时回应。实行首问首诉负责制,旅客问讯时,有问必答,回答准确;对旅客提出的问题不能解决时,指引到相应岗位,并做好耐心解释。接听电话时,先向旅客通报单位和工号。

11. 应如何办理按保价运输的行李托运?

答:按保价运输的行李核收保价费。保价的行李发生运输变更时,保价费不补不退。旅客在承运后发送前取消托运或因铁路运输企业责任造成的取消托运时,保价费全部退还。行李发生损失并办理赔偿的,保价费不退。

12. 行李的包装有何规定?

答:行李的包装应当完整牢固,适合运输。其包装的材料和方法应符合国家或铁路运输企业规定的包装要求。包装不符合要求时,旅客应按照相关规定改善包装。旅客拒绝改善包装的,铁路运输企业可以拒绝承运。

13.《普速大型车站服务质量规范》对执行行包运输方案有何规定?

答:执行行包运输方案。装卸列车时,先卸后装,按照列车行李员指定货位码放,使用规定印章办理站车交接。

14.《普速大型车站服务质量规范》对到达行包有何规定？

答：到达行包核对票据，妥善保管，及时通知，准确验货，正确交付，按规定期限保管。对无法交付的行包及时公告，按规定处理。

15. 运行中断，旅客在中途站(行李办理站)要求领取时，应如何办理？

答：旅客在中途站(行李办理站)要求领取时，应退还未运送部分的运费。不足起码运费按起码运费退还。对要求运回发站取消托运的，退还全部运费。

16. 车站如何收取搬运费？

答：行李、包裹搬运费：从车站广场停车地点搬运至行包房办理处或从行包交付处搬运至广场停车地点各为一次搬运作业；由汽车搬上、搬下时，每搬一次，另计一次搬运作业。1元/件次。超过每件规定重量的，按其超重倍数增收。携带品搬运费：从广场停车地点搬运至站台或从站台搬运至广场停车地点各为一次搬运作业；由火车、汽车搬上、搬下时，每搬一次，另计一次搬运作业。2元/件次。每件重量以20千克为限，超重时按其超重倍数增收。

17.《广深港高速铁路跨境旅客运输组织规则》中，铁路运输企业、跨境旅客、跨境高速铁路列车指的是什么？

答：铁路运输企业：内地参与广深港高速铁路跨境旅客运输的铁路运输企业、港铁公司。跨境旅客：持发站或到站为香港西九龙站车票的旅客(含同行的免费乘车儿童)。跨境高速铁路列车：国铁集团管理的各客运站与香港西九龙站之间开行的高速铁路列车。

18.《广深港高速铁路跨境旅客运输组织规则》中，旅客须知、席位、席别、发站、到站指的是什么？

答：旅客须知：铁路运输企业向旅客公布的注意事项。席位：车票载明的车厢，以及座位或铺位位置。席别：不等级的席位。发站：车票上所记载的出发站。到站：车票上所记载的到达站。

19. 旅客领取行李时，如发现有短少或异状时，应如何办理？

答：旅客领取行李时，如发现有短少或异状应在领取时及时提出。铁路运输企业应当认真检查、检斤复磅，必要时可会同公安人员开包检查。检查发现有损失时，应编制行包记录交旅客作为要求赔偿的依据。

20. 行李保管期限有何规定？

答：行李运到后从通知之日起，铁路运输企业免费保管3日，逾期到达的行李免费保管10日。因铁路运输企业责任和不可抗力等原因导致旅客行李延迟到达时，按延迟日数增加免费保管日数。超过免费保管期限时，按日核收保管费。

21.《国铁集团客规》规定,发现将国家禁止、限制运输的物品或危险品夹带运输时,应如何处理?

答:将国家禁止、限制运输的物品或危险品夹带运输时,在发站取消托运,在中途站停止运送(在列车上发现危险品交前方停车站),均通知有关部门和旅客处理,已收运费不退,按该件全部重量另行加倍补收行李运费,核收保管费。

22. 客货票据范围与性质是什么?

答:铁路办理客货运输使用的各种车票、行李票、包裹运单、货物运单、客货杂费收据和定额收据,以及电子票据等统称为铁路客货运输票据。客货运输票据分为以印刷或打印形式体现的铁路纸质票据,或以电子数据信息形式体现的铁路电子票据。

客货票据是铁路收取客货运输费用的结算单据和运输企业核算运输收入的原始凭证。任何单位或个人不得篡改铁路电子票据数据信息。

23. 客货票据库保管有何规定?

答:运输企业及客货营业单位应当设置票据库保管纸质票据。票据库必须配备安全设施,并实施票账分管制度、票据出入库和交接制度,定期清查。纸质票据未经收入管理部门批准,不准相互调拨和使用。中铁银通卡实体卡片(包括铁路 e 卡通等)相关票据,执行客货票据管理的相关规定。

24. 发生行包事故时,应如何处理?

答:发生行包事故,到站(在发站产生时为发站)应尽快立案处理。属于铁路责任的,无论责任单位确定与否,都应迅速办理赔偿手续。有犯罪嫌疑的,应及时向公安部门报告。

25. 编制旅客列车运行方案和列车运行详图的原则是什么?

答:(1)先国际列车,后国内列车;先直通列车,后管内列车;先快车,后慢车;先长途,后短途。但枢纽地区的通勤、通学市郊列车,可根据具体情况,在编制直通客车运行方案时,予以认真考虑。

(2)旅客列车之间产生会让时,应按列车等级合理会让。客货列车之间产生会让时,应以货车停会或待避旅客列车。

26. 对铁路电务等维修人员的携带品和运送路用品有何要求?

答:铁路电务等维修人员乘坐管内旅客列车到各站检查、维修设备,凭局集团公司发给的携带器材乘车凭证(样式见附件五),可携带蓄电池(6 伏组)8 组,蓄电池和电池的电解液药40 包,防腐油 10 千克,机油 1 千克,煤油 1 千克,变压器油 2 千克,调合漆 5 千克,汽油(密封)0.5 千克。乘车时应服从列车长安排,将携带品放在列车尾部,保证安全,并不影响车内秩序和运转车长作业。

27. 行李、包裹票记事栏内应填记哪些有关内容?

答:(1)承运自行车、助力机动车、摩托车时,应注明车牌名、车牌号、车型、新或旧等车况。

(2)承运加冰、加水物品或喂养饲料时注明"加冰""加水"或"附饲料"等。

(3)承运经客调命令批准的超重超大物品时,在包裹票记事栏内填记"×月×日经客调命令×号批准"。

(4)承运需提出运输证明文件的物品时,应将运输证明文件附在包裹票运输报单上以便途中和到站查验,并在包裹票记事栏内注明"附×(机关)×月×日发×号文件"。

(5)承运的包裹有人押运时,在包裹票注明"押运人×名"。

(6)承运凭书面证明免费托运的铁路砝码和衡器配件时,应在包裹票记事栏内注明"衡器检修,免费"字样,收回书面证明报局集团公司。

(7)承运中国铁路文工团和中国铁道建筑总公司文工团开具的证明办理免费运送的演出服装、道具、布景时,按上述(6)项办理。

(8)其他需记载的事项。

28. 包车单位在中途站延长使用时,应如何办理?

答:包车单位在中途站延长使用时,经中途变更站报请铁路局集团公司同意后,核收票价、运费、使用费或包车停留费;如包车单位付款有困难,可根据书面要求,由变更站电告发站或到站补收应收费用。包车单位中途缩短使用时,所收费用不退。

29. 铁路各系统间的公文及附属品运输,应如何办理?

答:铁路各系统之间的公文及其附属品可以通过旅客列车的行李车免费运送。重要文件、表报、凭证、电报等可以按挂号办理。但此类运输仅限于公务往来。凡铁路单位对内、外或路外单位承揽的铁路用产品不得免费运输。

30.《广深港高速铁路跨境旅客运输组织规则》对携带品超过规定重量有何规定?

答:车上发现旅客携带的物品超重、超大时,须指定位置摆放,由列车长编制客运记录交旅客到站处理,对超过免费重量的物品,其超重部分按每千克20元核收运费,不足1千克按1千克计算。对不可分拆的整件超重、超大物品,按该件全部重量核收运费。

31. 进入车站的车辆应如何行驶?

答:进入站台的作业车辆及移动小机具、小推车不影响旅客乘降,不堵塞通道;停放时在指定位置,与列车平行,有制动措施;行驶或移动时,不与本站台的列车同时移动,不侵入安全线,速度不超过10千米/小时。无非作业车辆进入站台。

32. 客货票据的印刷有何规定?

答:客货票据的印刷应当按照客货票据编码规则,保证票号的连续性。铁路印刷企业在票据印制过程中,各个工序之间必须严格交接手续,做到登记及时、准确,签认手续完备,账实相符。所印制票据应当不多张、不少页,不串号、不错号,票面无差错,经检验合格的产品加盖施封章后存入票据库。

33. 对无法处理的多、少收款有何规定?

答:多、少收款超过 180 天无法处理时,少收款由责任者归还;责任者无力归还或少收款属单位责任的,由单位负责归还,在责任单位营业外支出科目列支。多收款转运营财务部门列营业外收入。

34. 对少缴款处理有何规定?

答:少缴款处理期限不得超过 30 天。对超过期限未处理的少缴款,转同级运营财务部门先予垫付,由其向责任单位追款,由责任人赔偿。

35. 向银行送存运输收入进款时有何规定?

答:向银行送存运输收入进款时,从存款地点到送款车辆、送款途中及从送款车辆到银行,应由站长派人护送或使用机动车辆护送。旅客列车应当配备保险柜存放票据和现金,并由列车长或指定专人负责管理,确保票据和现金安全。列车乘务工作终了交款时,应当由专人护送至交款处所。

36. 丢失的行李找到后,应怎样处理?

答:丢失的旅客行李找到后,铁路运输企业应迅速通知旅客领取,撤销赔偿手续,收回赔款。如旅客不同意领取时,按无法交付物品处理。如发现有欺诈行为不肯退回赔款时,可通过法律等手段追索。

37. 现场作业中行包运输方案在什么情况下进行调整?

答:(1)运能运量有较大变化时。

(2)较大行包中转站的行包房施工受影响时。

(3)产生其他影响行包均衡运输的原因时。

调整行包运输方案应由方案编制部门负责。

38. 国际联运行李、包裹运杂费的列报有何规定?

答:发生国际联运行李、包裹由发站计算核收国内段和国外段全程运杂费,由发送运输企业审核列账。代收的国外段运杂费报国际联运清算中心办理结算。

到达国际联运行李、包裹由到站交付后,将行李、包裹运行报单报本企业收入管理部门。

国境我国铁路的行李、包裹由出口国境站将行李、包裹运行报单(复印件)报本企业收入管理部门。

39.《普速大型车站服务质量规范》规定,旅客在站内遗失物品时,车站应如何做?

答:旅客在站内遗失物品时,帮助(或广播)查找;收到旅客遗失物品及时登记、公告,登记内容完整,保管措施妥当,处置措施合法。

40. 运输收入进款遵守什么管理原则?

答:运输收入进款遵守专户管理的原则,专户内不得办理运输收入范围以外的其他收付款业务,不得与运输企业财务会计账户混用,不得经由个人账户办理。

41.《铁路旅客运输管理规则》对站车办理行包交接有何规定?

答:严格执行交接制度。车站在装车前,列车在卸车前,必须先核对所装卸行包的到站、票号、件数,确认票货相符。交接时,凭填写完整的行包装卸交接证,办理交接手续并加盖规定名章,严禁信用交接。发现件数不符,行包破损或有其他异状时,经确认后应在交接证上注明现状,由交出行李员加盖规定名章。车站交接班时,凭交接簿票货核对,严格执行货动有交接,交接有手续的制度。

42. 特定运价指的是什么?

答:特定运价是对一些特殊运输方式和特殊运价区段而制定的客运运价。包括以下两个方面:

(1)包车、租车、挂运、行驶等运价的计算。

(2)国家铁路、地方铁路及特殊运价区段间办理直通、过轨运输运价的计算。

43. 行包运输方案应该什么时间编制? 依据什么编制?

答:行包计划运输方案应于新图实行前编制并与新图同时实行。

编制行包计划运输方案的依据:

(1)指定月份的直通、管内行包流向流量图。

(2)直通列车行包密度表等资料(按局别、中转站、终到站统计)。

(3)主要站分车次、区段装车和卸车件数。

(4)指定时间主要站行包承运件数(按局别或线别分区段资料)。

(5)特、一等站两年以内的行包流调查报告。

44.《铁路旅客运输管理规则》对包裹和中转的行李装车有何规定?

答:包裹和中转的行李应以直达列车装运。没有直达列车时,应以中转次数最少的列车装运。途中有几个中转站中转次数相同时,应首先在有始发列车接运的车站中转。如途中有几个站都有始发列车接运,原则上应在最后一个中转站中转,但其他站应适量分担。途中都没有始发列车时,应在最后一个中转站中转。

途中有两个以上径路时,在中转次数相同的情况下均可办理。特殊情况下,国铁集团可指定车站增加中转次数。

45.《铁路旅客运输管理规则》中,站、车客流信息传报工作是指什么?

答:站、车客流信息传报工作系指办理客运业务的车站按规定区段或停车站,正确、及时地向旅客列车提报确切的乘车人数。旅客列车(市郊、混合列车除外)向指定的收报站准确地发出车内实际人数、区段内旅客密度和列车剩余能力预报的工作。

站、车客流信息主要通过乘车人数通知单、列车密度表及三报表(旅客区段密度、分界站报、预报通知单)三种专用表报的形式来记录、统计、传递。

三种报表分别由计划员、列车长填写、计算、交接。

站、车客流信息表报的正确率应达 95% 以上。

46. 运输费用结算方式有哪些?

答:铁路运输费用结算方式分为现金结算和非现金结算两种。非现金结算包括支票、电子支付等。

对企业、事业单位、机关团体和签有合同的单位发生的铁路运输费用,可以使用支票结算。对经常到发货物的单位,在不影响客货营业单位运输费用送存银行的前提下,可按日汇总结算。

对符合条件的铁路签约客货,可以办理一定时期内发生铁路运输费用的汇总结算。

铁路运输费用不办理异地托收。发生退款时,按照原收款结算方式办理。

47. 中国铁路文工团到铁路基层单位慰问演出,对该团演出用的服装、道具、布景应如何办理托运手续?

答:中国铁路文工团到铁路基层单位慰问演出,对该团演出用的服装、道具、布景准予免费运输。需要托运的服装、道具、布景数量较大时,可以拨给行李车,如行李车不足,也可以拨给棚车代用。使用后,立即交还,不得停留占用。严禁用拨给的行李车或棚车装服装、道具和布景以外的物品。少量的服装、道具、布景,可装在旅客列车编组中行李车内运送,不必另拨车辆。办理此项免费运输时,必须凭"中国铁路文工团"开具的证明文件,到车站办理托运手续。如要求拨给行李车或棚车时,应凭上述证明文件到有关局集团公司办理拨车手续。车站办理托运时,应填写包裹票,并在运价栏划斜线,在记事栏内注明"免费"字样,同时将证明文件收回,随同包裹票报告页一并报送铁路局集团公司。托运的服装、道具、布景由车站装卸时,应按规定核收装卸费。

48. 对客货票据管理人员有何要求?

答:各单位客货票据管理人员,应遵循国家财经法规和铁路规章制度,坚持原则、实事求是、廉洁奉公。发生以下情形的,应当视情节严重给予严肃处理:

(1)改铁路客货运输原始数据信息的。

(2)照本规则规定进行票据管理,造成严重后果的。

(3)定供应客货票据影响运输生产的。

(4)在工作中错误解释现行规章制度,造成严重后果的。

49. 什么情况不承担行李赔偿?

答:铁路运输企业应当对承运的行李自接受承运时起到交付时止发生的灭失、短少、污染或者损坏,承担赔偿责任。

因下列原因造成的行李损失,铁路运输企业不承担责任:

(1)不可抗力。

(2)物品本身的自然属性或合理损耗。

(3)包装方法或容器不良,从外部观察不能发现时。

(4)旅客违反铁路规章或其他自身的过错。

50. 什么是旅客运输计划?

答:旅客运输计划是旅客计划运输组织工作的前提,是确定客运设备、客运机车车辆修造计划及客运运营支出计划的重要依据。

按执行期限的不同,可分为长远计划、年度计划和日常计划三种形式。主要内容:旅客运输量(客运量)、旅客发送量、旅客周转量、旅客平均行程。

51. 租用客车或企业自备客车在国家铁路的旅客列车或货物列车挂运时,应如何收取挂运费?

答:租用客车或企业自备客车在国家铁路的旅客列车或货物列车挂运时,按下列标准核收挂运费:

(1)空车:不分车种,按每轴每千米 0.534 元核收。

(2)重车。

①客车:按标记定员票价的 80% 核收。

②行李车:按标记载重运费的 80% 核收。

③餐车、娱乐车、发电车:按使用费的 80% 核收。

52. 依据《铁路客运运价规则》,包用行李车时,应如何核收运费?

答:行李车和合造车的行李车部分,按车辆标记载重核收行李或包裹运费。用棚车代用行李车时,按行李或包裹的实际重量核收行李或包裹运费。起码计费重量按标记载重的 1/3 计算(不足 1 吨的尾数进整为 1 吨)。行李、包裹混装时,按其中运价高的核收。

53.《铁路技术管理规程（普速铁路部分）》对旅客列车通过的车站,通过线路的站台安全标线与站台边缘距离的设置有何规定?

答:旅客列车停靠的高站台边缘距线路中心线的距离为 1 750 毫米,安全标线距站台边缘 1 000 毫米。

非高站台安全标线与站台边缘距离为:列车通过速度不大于 120 千米/时时,1 000 毫米;列车通过速度 120 千米/时以上至 160 千米/时时,1 500 毫米;列车通过速度 160 千米/时以上至 200 千米/时时,2 000 毫米。也可在距站台边缘 1 200 毫米(困难条件下 1 000 毫米)处设置防护设施。

54. 办理客运业务、行李包裹业务的车站应有哪些客运设备?

答:办理客运业务的车站应设旅客站台,并应有照明、引导、广播、时钟和视频监控设备。车站应设置围墙或栅栏。办理行李包裹业务的车站应设行包通道,站台长度应满足行包装卸作业需要。

55. 旅客办理改签有何规定?

答:旅客可办理一次改签,在铁路运输企业有运输能力的前提下,按下列规定办理:

(1)开车前 48 小时以上,可免费改签预售期内的列车。

(2)开车前不足 48 小时,可免费改签车票载明的乘车日期以前的列车。

(3)开车前不足 48 小时,可改签车票载明的乘车日期之后预售期内列车,核收改签费。

(4)开车后,在当日 24 时之前,可免费改签当日其他列车。

(5)开车后,在当日 24 小时之前,可改签车票载明的乘车日期之后预售期内列车,核收改签费。

(6)办理变更到站的改签时,应在开车前 48 小时以上,原车票已托运行李的,还应办理行李变更或取消业务。

56.《中国铁路运输收入票据管理工作规则》对电子客货票据票号缺失、重号的处理有何规定?

答:铁路运输企业出现电子客货票据票号缺失或票号为连续使用时,应当填发相关通知书作为列账凭据。出现电子客货票据重号时,在当日按实际款额列账。

57. 运输收入的原始凭证有何要求?

答:(1)运输收入会计核算采用原始凭证汇总表代替原始凭证。

(2)原始凭证包括客货票据的报告页、车站退款证明书、运输收入动支凭证、现金和支票进账单,以及汇款单、银行对账单等。

(3)原始凭证汇总表包括嫖妓整理报告、退票报告、改签报告、车内补票移交报告、运输收入进款收支报告、往来结算通知单、运输收入进款收支总表、车站银行流转额汇总表和后付运输、国际联运清算表、运输收入事故处理通知书等。

58.《铁路客运运价里程表》里,客运车站营业办理限制如何表示?

答:全线的营业办理限制:在该线的里程表用线注注明。

各站的营业办理限制:在各该站的站名前用下列符号表示:

"※"表示旅客乘降所,只办理旅客乘降业务。

"⊗"表示不办理行李和包裹业务的车站。

"◎"表示不办理包裹业务的车站。

"△"表示不办理客运业务的线路连接点车。

59. 行李中不得夹带哪些物品? 其含义各是什么内容?

答:行李中不得夹带的物品一般是指:

货币:含各币种的纸币和金属辅币;

证券:含股票、彩券、国库券及具有支付、清偿功能的票据等;

珍贵文物:指具有一定年代的有收藏、研究或观赏价值的物品;

档案材料:指人事、技术档案,组织关系,户口簿或户籍关系,各种证件、证书、合同、契约等;

危险品:指国务院铁路主管部门公布的《危险货物品名表》内的品名。对其性质有怀疑的物品也按危险品处理。

60. 包裹的押运有何规定?

答:托运金银珠宝、货币证券、文物、枪支、鱼苗、蚕种和途中需要饲养的动物,必须派人押运。对运输距离在 200 千米以内、不需要饲养的家禽、家畜,托运人提出不派人押运时,也可以办理托运。车站应向托运人说明并在托运单上注明"途中逃逸、死亡铁路免责"。

押运的包裹应装行李车,由押运人自行看管,车站负责装车和卸车。在行李车押运时,列车行李员应将押运人姓名、人数、工作单位、住址和品名、件数、发到站登记在押运人员登记簿内,并向押运人员说明以下事项:

(1)行李车内严禁吸烟。

(2)不准打开车门乘凉。

(3)不得移动车内备品、物件。

(4)不要靠近放射性物品。

61. 包裹短少的交付

202×年 2 月 2 日,呼和浩特物资公司职工王×红从西安站发呼和浩特站配件 3 件,150 千克,木箱包装,票号:F98568,未保价。3 日 K1673 次列车到达时,发现该批货物短少 1 件,50 千克(已拍发查询电报)。卸车当日王红要求领取,呼和浩特站应如何办理?

答:货件短少,货主要求领取时,呼和浩特站应该收回原领货凭证,向货主交付货物并编制客运记录(票例 2-3-1)一式 2 份,1 份车站留存,1 份交货主作为领取逾期包裹的依据。

呼和浩特局集团公司　　　　　客统—1

客 运 记 录

第　　×　　号

记录事由:**领取凭证**

记录内容:

　　202×年2月2日,西安发呼和浩特F98568号配件3件,150千克,木箱包装;3日K1673次卸车时发现该批货物少1件,50千克。我站已发电报查找,现将已到达2件,100千克交付于你,凭此记录领取少件。

注:
1.站、车需要编制记录时均适用。
2.本记录不能作为乘车凭证。

包头 站段 编制人员　　行李员 ㊞　　(印)

站段 签收人员　　　　　　　　(印)

202× 年　　11 月　　3 日编制

票例 2-3-1

62. 加挂自备行李车

202×年 2 月 18 日,包头钢铁厂自备车 1 辆,XL2022,装运行李,标记载重 17.7 吨,自包头挂运当日 2635 次列车到银川站,包头站应如何处理?(包头—兰州　511 千米)

答:依据《铁路客运运价规则》第二十九条规定,租用客车或企业自备客车在国家铁路的旅客列车或货物列车挂运时,按下列标准核收挂运费:"……重车:……2. 行李车:按标记载重运费的 80％核收……"

$0.278 \times 17.7 \times 1\,000 = 4\,920.60$(元)

$4\,920.60 \times 80\% = 3\,936.50$(元)

包头站填制客运运价杂费收据(票例 2-3-2)。

丙

呼和浩特局集团公司

客运运价杂费收据

20 2× 年 2 月 18 日 　　　　　　　　(报告用)

原票据	种 别	日期		月 日 时到达、通知、变更		
		号码		月日时 交 付		
		发站				
		到站		核收保管费		日

核 收 区 间		核 收 费 用			款 额
		种别	件数	重量	
自 包头 站		重车挂运费	1	20	3 936.50
至 银川 站					
经由( )					
席别 人数		合 计			3 936.50

记事	XL2022，载重17.7吨，核收挂运费。

包头 站经办人 ×印 印

A000000

票例 2-3-2

63. 货物未到

202× 年 12 月 1 日,收货人持 11 月 20 日广州站发包头站的包裹票(票号:D40107,品名: 日用品,3 件,100 千克)到包头站取货,经查找货物未到。包头站应如何办理?

答:《国铁集团客规》第七十九条规定,行李到达后,铁路运输企业应当及时通知旅客, 最晚不得超过到达次日 12:00。旅客询问逾期行李是否到达时,铁路运输企业应及时予以 查找。

（1）包头站应向装车站拍发铁路电报（票例 2-3-3），调查逾期未到原因。

（2）包头站应在逾期未到登记簿上做好登记。

<table>
<tr><td colspan="9" align="center">铁 路 传 真 电 报</td></tr>
</table>

铁 路 传 真 电 报

签　发：　　　　　　核　稿：　　　　　　拟稿人：

电　话：

发报所名	电报号码	等级	受理日	时　分	收到日	时　分	值机员
	×						

主送单位：　广州站行李房

抄送单位：

报　文：

　　202×年11月20日，你发我日用品，3件，100千克，票号：D40107，逾期未到，收货人急催，请贵站接电后速查装运我站。

包头站行李员×印
202×年12月1日

第1页

票例 2-3-3

64. 行李取消托运

202×年 6 月 18 日，旅客李×自包头站托运到北京站行李 3 件，50 千克，票号：C20010；20 日，旅客要求将行李运回发站取消托运。行李已装 6 月 18 日 K42 次列车，次日运至北京。6 月 20 日，北京站接到变更电报，21 日返回包头，旅客当日领取。包头、北京站各应如何办理？

答：《国铁集团客规》第八十三条规定，旅客在办理托运手续后，可按如下规定办理一次行李变更手续；办理行李变更的到站、中止站必行是行李办理站："……2. 在发站装运后取消托运时，行李由到站运回发站，已收运费不退，补收到站重要以站间行李运费……"

（1）包头站：

①收回行李票，编制客运记录（票例 2-3-4）一式 2 份，1 份交旅客作为领取行李的凭证，

1份留站存查。

②拍发铁路电报通知北京站,将行李运回发站。包头站计算运杂费。

(2)北京站接到电报后,编制客运记录并将行李运回发站。

铁 路 传 真 电 报

签 发:　　　　　　核 稿:　　　　　　　　拟稿人:

电 话:

发报所名	电报号码	等级	受理日	时 分	收到日	时 分	值机员
	×						

主送单位:　北京站行李房

抄送单位:

报　文:

　　202×年6月18日,我发你行李,3件,50千克,票号:C20010,我站装当日K42次列车运你站,现托运人要求取消托运,请贵站接电后及时将该货返回我站。

包头站行李员×㊞

202×年6月20日

第1页

票例 2-3-4

65. 水害线路中断,鲜活包裹中断的变卖

202×年2月25日,王×由西安站托运到呼和浩特站苹果30箱,600千克,票号:F34517,该批包裹装当日K1674次列车,列车运行至包头站时,因前方水害线路中断。2月26日列车与发站联系,托运人要求在被阻站处理(当地价格5.00元/千克),包头站应如何处理?

答:鲜活包裹在运输途中被阻,卸车站应及时与发站联系,征求托运人处理意见。托运人要求铁路处理时,卸车站应处理,处理所得款填客运运价杂费收据上交,在记事栏内注明情况,并编制客运记录写明情况,附处理单据寄送发站。发站凭记录和单据填写退款证明书退还已收运费与到发站至处理站间运费差额和物品处理所得款。

（1）包头站应货主要求,变卖苹果。处理所得款填客运运价杂费收据(票例 2-3-5)上交,在记事栏内注明情况。

计算变卖款:5.00×600＝3 000.00(元)

卸车费:30×2.00＝60.00(元)

扣除卸车费:3 000.00−60.00＝2 940.00(元)

（2）包头站编制客运记录(票例 2-3-6)写明情况附处理单据寄西安站。

丙

呼和浩特局集团公司

客运运价杂费收据

20 2× 年 2 月 26 日 　　　　（报告用）

原票据	种别	日期	202×年2月25日	月 日 时到达、通知、变更		
	包裹票	号码	F34517	月 日 时 交 付		
		发站	西安			
		到站	呼和浩特	核收保管费		日

核 收 区 间	核 收 费 用			款 额
	种别	件数	重量	
自..............站	货款	30	600	2 940.00
至..............站				
经由(..............)				
席别..............人数..............	合 计			2 940.00

记事	因水害线路中断,托运人要求在包头站处理(当地价格5.00元/千克)所得款3 000.00元,扣除卸车费60.00元。

包头 站经办人 ×㊞ 印

A000000

票例 2-3-5

66. 包裹取消托运

202×年 4 月 20 日,包头制药厂李×在包头站托运到通辽站西药 5 箱,200 千克,保价 4 000.00 元,票号:X003256。21 日,托运人到包头站办理取消托运。包头站应如何办理?

呼和浩特局集团公司　　　客统—1

客 运 记 录

第　×　号

记录事由：

记录内容：

　　西安站行李房：

　　因水害线路中断，根据你站要求，现将被阻于我站的6月25日你发呼和浩特站的苹果，30件600千克，票号：F34517，在我站变卖处理（当地价格每千克5.00元），所得款3 000.00元，扣除卸车费60.00元，剩余2 940.00元，我站以客杂：A035426号上缴，现编记录，随处理票据、运输报单寄你，请按章办理。

注：
1.站、车需要编制记录时均适用。
2.本记录不能作为乘车凭证。

包头 站段　编制人员　　行李员㊞　　（印）

　　　站段　签收人员　　　　　　　　（印）

202×年　2月　26日编制

票例 2-3-6

（包头—通辽　1 458 千米）（该批包裹未装车）

　　答：包头站收回包裹票注销，注明"取消托运"。填记退款证明书（票例 2-3-7），退还全部运费，保价费不退，另用客运运价杂费收据核收变更手续费和保管费。

　　（1）运费。

　　应退运费包头—通辽　1 458 千米，200 千克三类包裹运费。1.825×200＝365.00（元）

　　（2）杂费。

　　变更手续费：5.00 元

　　保管费：5 件 2 日，5×2×3.00＝30.00（元）

　　合计：5.00＋30.00＝35.00（元）

中国国家铁路集团有限公司
_____运输企业
_____车站

车站退款证明书

财收—16

填发日期 202×年 4 月 21 日

编号 _____

票据种类	票据号码	填发日期	发站	到站	车种车号	单位	名称及地址	石家庄市二中	甲联：车站存查
包裹票	X003256	202×年4月20日	包头	通辽			开户银行及账号		

	品 名	品名代码	实 重	计 重	运价号	票价运价	运 费	建设基金	
原记载	西药		200	200			365.00		
订 正									
应 退								365.00	
原记载								合 计	
订 正									
应 退									

记事：发站装车前取消托运。

退款金额（大写） 叁佰陆拾伍元整

现金
上项退款已于 4 月 21 日以 如数退讫。
支票
丙联已随 4 月 21 日（旬）财收—8 报运输企业。

填发人 _____　　付款人 _____　　审批人 _____

票例 2-3-7

67. 水害线路中断，鲜活包裹发站退费

202×年 5 月 25 日，李×由兰州站托运到临河站鲜桃 30 箱，600 千克，票号：F34517。该批包裹装当日 K196 次列车，列车运行至银川站时，因前方水害线路中断。26 日，银川站已处理，银川站用 A00001 号客运运价杂费收据上缴扣除卸车费后的货款 1 740.00 元，编制 10 号客运记录附处理单据（按当地价格 3.00 元/千克处理）连同客运运价杂费收据寄送兰州站；27 日，兰州站收到，兰州站应如何计算退款金额？

答：鲜活包裹在运输途中被阻，卸车站应及时与发站联系，征求托运人处理意见。要求返回发站或变更到站时，按上述办法处理。托运人要求铁路处理时，卸车站应处理，处理所得款填客运运价杂费收据上交，在记事栏内注明情况，并编制客运记录写明情况，附处理单据寄送发站，处理所得款由处理站所属局集团公司收入部门汇付发站所属局集团公司收入部门。发站凭记录和单据填写退款证明书退还已收运费与发站至处理站间运费差额和物品处理所得款。记录、处理单据及收回的包裹票随退款证明书报告页上报。

兰州站凭银川站寄送的客运记录和单据计算应退款，应退款为兰州站已收运费与发站至处理站间运费差额。

（1）已收运费：兰州—包头　761 千米（查《铁路客运运价里程表》而得），600 千克二类包裹运费，二类包裹运价 0.907 元/千克。

600×0.907＝544.20（元）

(2)应收运费:兰州—银川　468 千米(查《铁路客运运价里程表》而得),600 千克二类包裹运费,二类包裹运价 0.466 元/千克。

600×0.466＝279.60(元)

应退运费＝544.20－279.60＝264.60(元)

退款合计:264.60＋1 740.00＝2 004.60(元)

(3)兰州站填制退款证明书(票例2-3-8)。

中国国家铁路集团有限公司　　　　　　　　　　　　　　　　　　　　　　　　　　财收—16

_____运输企业　　　**车站退款证明书**

_____车站

填发日期 202×年 5 月 27 日　　　　　　　　　　　编号_____

票据种类	票据号码	填发日期	发　站	到　站	车种车号	单位	名 称 及 地 址	石家庄市二中			甲联:车站存查
包裹票	F34517	202×年5月25日	兰州	包头			开户银行及账号				
原记载	品　名	品名代码	实　重	计　重	运价号	票价运价	运　费	建设基金			
	鲜桃		600	600		二类	544.20				
订　正											
应　退								2004.6			
原记载							合　计				
订　正											
应　退											

记事:根据银川站10号客运记录,因水害线路中断,托运人要求在被阻站按照当地价格3.00元/千克处理,所得款1 800.00元,扣除卸车费60.00元。退货款1 740元,运费246.60元。

退款金额(大写)　　贰仟零肆元陆角整

现金
上项退款已于 5 月 27 日以　如数退讫。
支票
丙联已随 5 月 27 日(旬)财收—8 报运输企业。

填发人_____　　　　付款人_____　　　　审批人_____

票例 2-3-8

68. 托运残疾人用车计费

202×年 4 月 9 日,两位旅客持包头—临河 K885 次列车客票 2 张,托运铺盖卷 3 件,50 千克;纸箱装书籍(个人阅读的)2 件,64 千克;残疾人用车 1 辆,50 千克;自行车 1 件,30 千克;儿童车 1 件,8 千克;皮箱 2 件,48 千克,均不保价。包头站应如何计算运费?

答:

(1)包头站计算行李运费。

《铁路客运运价规则》第二十二条规定,旅客可凭客票办理一次行李托运。托运的行李在 50 千克以内,按行李运价计算,超过 50 千克时(行李中有残疾人用车时为 75 千克),对超过部分按行李运价加倍计算。

①铺盖卷、书籍、残疾人用车、皮箱共 3＋2＋1＋2＝8(件),按行李计重:50＋64＋25＋

48＝197(千克)，超重197－125＝62(千克)。

125千克行李运费：125×0.122＝15.30(元)

超重62千克行李，加倍运费：62×0.122×2＝15.20(元)

合计：15.30＋15.20＝30.50(元)

②杂费。

装车费：8×2.00＝16.00(元)

标签费：8×0.50＝4.00(元)

合计：15.30＋15.20＋30.50＋16＋4.00＝81.00(元)

(2)计算包裹运费。

自行车(按25千克规定重量计费)和婴儿车不属于行李的范围，按三类包裹计费，三类包裹运价0.317元/千克。

(25＋8)×0.317＝10.50(元)

装车费：2×2.00＝4.00(元)

合计：10.50＋4.00＝14.50(元)

(3)包头站应收运费。

81.00＋14.50＝95.50(元)

69. 装运后变更到站

202×年2月15日，刘×自兰州站托运到呼和浩特东站机车配件1件，20千克，票号：B012345，保价2 000.00元。当日K195次列车装运后，刘×到发站要求变更到集宁南站，兰州站应如何办理？该批货物2月16日到达呼和浩特东站，呼和浩特东站如何处理？

答：(1)兰州站应受理托运人的变更要求，拍发铁路电报(票例2-3-9)给包头站，要求将货物运至新到站，并更改托运人领取凭证的到站及收货人姓名、地址；加盖站名戳，注明日期、经办人，作为货主到新到站领取包裹的凭证及计数变更后运费差的依据。

(2)呼和浩特东站接到电报后应找出该批包裹并编制客运记录(票例2-3-10)，更改货签的发、到站，将包裹运至新到站。

70. 夹带危险品

202×年5月2日，银川站发赤峰站配件S56007号3件，100千克，保价1 000.00元，木箱包装，装当日K196次列车。3日，包头站卸车，回库核对发现该货有刺鼻气味，疑为内有危险品，经查，其中1件，50千克，内有5千克硫酸。包头站应如何处理？

答：危险品伪报品名托运时，在中途站停止运送，发电报通知发站转告托运人前来领取，运费不退，并对品名不符货件按实际运送区间补收四类包裹运费。

(1)包头站应将该批包裹扣留，将危险品交包头车站铁路派出所，拍发铁路电报(票例2-3-11)通知银川站，转告托运人前来处理。

(2)已收运费不退，补收银川—包头，1件50千克四类包裹运费。

铁路传真电报

签 发:		核 稿:		拟稿人:		
				电话:		

发报所名	电报号码	等级	受理日	时 分	收到日	时 分	值机员
	×						

主送单位: 包头站行李房

抄送单位: 临河站行李房

报　文:

　　202×年2月15日，兰州发呼和浩特车机车配件1件，20千克，票号D012345，托运人要求变更集宁南站取货，取货人不变。该货已于2月15日K196次列车装出，请贵站接电后按章协助将上货运至新到站。

宝鸡站行李员×㊞

202×年2月15日

第1页

票例 2-3-9

71. 部分逾期违约金计费

　　202×年5月15日，重庆木器厂托运至石家庄二中教具5件，146千克，票号：A00001。因特殊原因其中3件，80千克，于19日到达，收货人未取；剩余2件，66千克于23日到达，收货人24日提取，要求铁路支付违约金。石家庄站应如何计算？（重庆北—石家庄　1 700千米）

　　答：行李、包裹超过规定的运到期限运到时，承运人应按逾期日数及所收运费百分比向收货人支付违约金，一批行李、包裹部分按时到达，部分逾期时，按逾期部分的运费比例支付违约金。

　　(1)重庆北—石家庄　1 700千米，运到期限为3+3+1=7(日)。

　　(2)运到期限7日，5件中之2件，66千克逾期2日，应支付运费10%的违约金。

　　逾期2件，66千克，按三类包裹计费，三类包裹运价1.989元/千克。

　　$1.989 \times 66 = 131.30$(元)

　　$131.30 \times 10\% = 13.10$(元)

72. 夹带禁限品

　　202×年5月1日，大连钢窗厂职工王×在大连站托运至根河站行李5件，重98千克，票

×局集团公司　　　　　　　　　　　　　　客统—1

客 运 记 录

第　×　号

记录事由：

记录内容：

临河站行李房：

接兰州站×号电报要求将宝鸡发我票号：B012345，机车配件1件，20千克，保价2 000.00元，变更运你站领取。该货2月16日K196次列车我站卸车，请核收并按章办理。

注：
1.站、车需要编制记录时均适用。
2.本记录不能作为乘车凭证。

呼和浩特东 站段　编制人员　行李员⑪　（印）

站段　签收人员　　　　　　（印）

202×年　2月　16日编制

票例 2-3-10

号：c12345。3日，该批包裹在中转站哈尔滨站卸车时，发现其中1件，12千克，全部是香烟；另1件20千克，夹带油漆1.5千克。5日托运人到哈尔滨站到领货。哈尔滨应如何处理？（缺项自设，大连到哈尔滨　946千米）

答：《国铁集团客规》第八十六条规定，将国家禁止、限制运输的物品或危险品夹带运输时，在发站取消托运，在中途站停止运送（在列车上发现危险品交前方停车站），均通知有关部门和旅客处理，已收运费不退，按该件全部重量另行加倍补收行李运费，核收保管费。

（1）哈尔滨站应将该批包裹扣留，将违禁品和危险品交哈尔滨车站铁路派出所，拍发铁路电报通知大连站，转告托运人前来处理。

（2）已收运费不退，补收大连—哈尔滨　946千米，2件32千克四类包裹运费，行李运价0.491元/千克。

铁 路 传 真 电 报

签 发：　　　　　核 稿：　　　　　　拟稿人：

电　话：

发报所名	电报号码	等级	受理日	时　分	收到日	时　分	值机员
	×						

主送单位：　银川行李房

抄送单位：　赤峰站行李房，呼和浩特、兰州局集团公司客运部

报　文：

　　202×年5月3日，K196次列车卸银川发赤峰配件3件，100千克，木箱包装，票号：S56007。对货时发现有刺鼻气味，经检查，其中1件，50千克，木箱内有5千克硫酸，我站已将该批货物扣留，请转告托运人前来处理。

包头站行李员 × 印
202×年5月3日

第1页

票例 2-3-11

0.491×32×2＝31.40（元）

（3）杂费。

保管费：200×年5月3日卸我站，5日交付，我站包管3日。

5×3×3.00＝45.00（元）

卸车费：5件，2元/件。

5×2.00＝10.00（元）

合计：31.40＋45.00＋10.00＝86.40（元）

73. 票货不符

202×年5月1日，包头站K195次列车开车后，行李员回库对货件时发现，包头站发往兰州站的行李1件，30千克，编织袋包装，票号：X020367，漏装；包头站发银川站的包裹1件，20千克，编织袋包装，票号：A012346，无票顶件装出。请问包头站行李房应如何处理？

答：包头站处理如下：

（1）拍发铁路电报（票例2-3-12）通知列车及相关车站。

（2）将漏装货件编制客运记录（票例2-3-13）补运兰州站。

铁路传真电报

签　发：		核　稿：		拟稿人：			
				电话：			

发报所名	电报号码	等级	受理日	时　分	收到日	时　分	值机员
	01					17：50	

主送单位：　包头客运段安全乘务科

抄送单位：　银川、兰州站行李房

报　文：

　　202×年5月1日，K195次装车顶件。我发兰州行李1件，30千克，编织袋包装，票号：X020367，漏装。我发银川包裹1件，20千克，编织袋包装，票号：A012346，无票顶件装出，请接电后将该件记录交到站。漏装件随后补运，特此声明。

包头站行李员 × 印

202×年5月1日

第1页

票例 2-3-12

呼和浩特局集团公司　　　　客统—1

客 运 记 录

第　×　号

记录事由：　票货分离

记录内容：

　　202×年5月1日，K195次列车我站漏装我发你行李1件，30千克，票号：X020367，编织袋包装。我站已发电报声明，现记录运你站，请查收。

注：

1.站、车需要编制记录时均适用。

2.本记录不能作为乘车凭证。

包头	站段	编制人员	行李员 印	（印）
	站段	签收人员		（印）

202×年　5　月　1　日编制

票例 2-3-13

74. 票货分离

202×年6月1日,Z283次列车(杭州—包头)经过包头站计划卸车100件,实际卸车100件,件数相符,与列车办理交接,回库核对发现票货分离,其中福州发包头L76143号鲜花2件,50千克,编织袋包装,有票无货;杭州发包头N00121号蔬菜2件,35千克,纸箱包装,有货无票。包头站应如何办理?

答:《铁路旅客运输管理规则》一百四十一条规定,行包遇有票货分离,误装误卸造成误运时,应及时处理,查清到站,编制记录转运正当到站。严禁积压,不得顶件,等货交换。

(1)包头站应向有关站、列车拍发铁路电报(票例2-3-14)查询,调查发生差错的原因及处理意见。

(2)包头站将有货无票货物编制记录(票例2-3-15)补运正当到站。

铁路传真电报

签 发:　　　　　　　　核 稿:　　　　　　　　拟稿人:
电 话:

发报所名	电报号码	等级	受理日	时　分	收到日	时　分	值机员
	×						

主送单位: 包头客运段

抄送单位: 杭州、福州、呼和浩特站行李房

报　文:

　　202×年6月1日,Z283次列车我站计划卸车100件,实际卸车100件,件数相符,回库核对发现票货不符,福州发包头L76143号鲜花2件,50千克,有票无货;杭州发呼和浩特N00121号35千克,蔬菜2件,有货无票,特电声明。多件我站已编01号客运记录补运到站,请各站接电后协查补运我站。

包头站行李员×㊞

202×年6月1日

第1页

票例2-3-14

呼和浩特局集团公司　　　　客统—1

客 运 记 录

第　　01　　号

记录事由：票货分离

记录内容：

　　呼和浩特站行李房：

　　202×年6月1日，Z283次列车我站卸车顶件，卸杭州发呼和浩特N00121号蔬菜2件，35千克，有货无票，现编记录运你站，请查收。

注：
　　1.站、车需要编制记录时均适用。
　　2.本记录不能作为乘车凭证。

包头 站段 编制人员　　行李员㊞　（印）

站段 签收人员　　　　　　　　（印）

202× 年　　6　月　　1　日编制

票例 2-3-15

75. 行李运到期限

202×年3月19日，旅客张×持3月20日K195次列车包头—广元的客票1张，托运行李2件，50千克，包头站装当日K195次列车。次日，广元站卸车，该货有票无货；26日，兰州编客运记录补用到广元站。该批行李的运到期限是几日？是否逾期？

答：《国铁集团客规》第七十四条规定，行李的运到期限客运价里程计算，从承运日起，600千米为3日，超过600千米，每增加600千米增加1日，尾数不足600千米的也按1日计算。

查《铁路客运运价里程表》，包头—广元 18 324千米，该批行李的运到期限为3+3=6(日)。

该批行李202×年3月19日承运，26日到达，逾期2日。

76. 可否按行李办理

202×年 5 月 1 日,旅客张×持 5 月 3 日 K41 次列车北京—包头的车票,到北京站办理托运运行李托运,托运货物经查验为 2 箱,发卡,60 千克。北京站可否按行李办理?依据是什么?北京站应如何办理?

答:(1)北京站不可以按行李办理。

(2)依据:《国铁集团客规》第六十三条规定,行李是旅客凭车票托运的一定限度的旅行必需品。发卡不是旅行必需品。

(3)北京站应该按三类包裹办理。

77. 装运后变更到站

202×年 2 月 15 日,刘×自宝鸡站托运到包头站机车配件 2 件,78 千克,票号:B07895,保价 1 500.00 元。当日 K195 次列车装运后,刘×到发站要求变更到临河站,宝鸡站应如何办理?该批货物 2 月 16 日到达包头站,包头站如何处理?

答:(1)宝鸡站应受理托运人的变更要求,拍发铁路电报(票例 2-3-16)给包头站,要求将货

铁 路 传 真 电 报

签 发:		核 稿:			拟稿人:			
					电 话:			

发报所名	电报号码	等级	受理日	时 分	收到日	时 分	值机员
	×						

主送单位:　包头站行李房

抄送单位:　临河站行李房

报 文:

　　202×年2月15日,宝鸡发包头机车配件2件,78千克,票号:B078952,托运人要求变更临河站取货,取货人不变。该货已于2月15日K196次列车装出,请贵站接电后按章协助将上货运至新到站。

宝鸡站行李员×⑩

202×年2月15日

第1页

票例 2-3-16

物运至新到站,并更改托运人领取凭证的到站及收货人姓名、地址;加盖站名戳,注明日期、经办人,作为货主到新到站领取包裹的凭证及计数变更后运费差的依据。

(2)包头站接到电报后应找出该批包裹并编制客运记录(票例 2-3-17),更改货签的发、到站,将包裹运至新到站。

呼和浩特局集团公司　　　　　　客统—1

客 运 记 录

第　　05　　号

记录事由:

记录内容:

临河站行李房:

接宝鸡站×号电报要求将宝鸡发我机车配件2件,78千克,保价1 500.00元,票号:B07895,变更运你站领取。该货2月16日K196次列车我站卸车,请核收并按章办理。

注:
1.站、车需要编制记录时均适用。
2.本记录不能作为乘车凭证。

包头 站段　编制人员　　行李员 ㊞　　(印)

　　 站段　签收人员　　　　　　　　　(印)

202×年　2　月　16　日编制

票例 2-3-17

78. 包裹破损

202×年 8 月 13 日 K597 次列车包头站卸车时,发现广州站发赤峰站保健品 1 件,36 千克,票号:A63021,纸箱包装大破,与列车办理交接时。列车已签注该件破损,内装无限极牙膏外漏,回库核对时复磅重量不少,清点内装无限极牙膏 80 盒,有 10 盒包装变形,原包装无法继

续运输。包头站对破损件应如何办理?（缺项自设）

答:(1)包头站应该对破损件及时修整包装(票例2-3-18),修整后编制客用记录,详细记载破损原因,状况和整修后的状态。

(2)在行李、包裹运输报单的记事栏内注明"包头站修整",加盖站名戳。

呼和浩特局集团公司　　　客统—1

客 运 记 录

第　　×　　号

记录事由:　修整包裹

记录内容:

赤峰站行李房:

202×年8月13日,K597次列车我站卸车时广州发你保健品1件36千克,票号A63021,卸车时外包装纸箱破损,内装无限极牙膏外漏,列车批注破损;回库核对重量相符,无限极牙膏80盒,其中10盒包装变形,因原包装纸箱破损严重,无法继续运输。我站用白色透明胶带进行修整,现将该货编记录附原票运你站。

注:
1.站、车需要编制记录时均适用。
2.本记录不能作为乘车凭证。

包头 站段　编制人员　　行李员㊞　　（印）

　　　站段　签收人员　　　　　　　（印）

202×年　8月　13日编制

票例 2-3-18

79. 一段行李,一段包裹 A

202×年5月22日,旅客李×持包头—兰州K195次列车车票1张,票号:E014211,托运到客鸡站行李2件,35千克,声明价格700.00元。包头站应如何计算运费和保价费?（缺项自设）

答:

(1)运费。

①因为旅客持包头—兰州的车票1张,包头—兰州 9 794 千米(查《铁路客运运价里程表》而得)。按行李计费:

35×0.491＝17.20(元)

②兰州—宝鸡 503 千米,按三类包裹计费:

35×0.707＝24.70(元)

合计:17.20＋24.70＝41.90(元)

(2)一段行李、一段包裹托运时,全程按行李核收保价费。

700.00×0.5‰＝3.50(元)

80. 旅客停止旅行,行李运至原到站 A

202×年6月2日,旅客张×持包头—成都 K195 次车票1张,在包头站托运到成都站行李2件,50 千克,票号:C3211。3 日,张×因病在兰州站停止旅行,要求将行李运至原到站。兰州站应如何办理?

答:查《铁路客运运价里程表》,包头—成都 2 151 千米,包头—兰州 979 千米,兰州—成都 1 172 千米。

(1)已收包头—成都 50 千克行李运费,行李运价 0.951 元/千克。

50×0.951＝47.60(元)

(2)应收运费。

①包头—兰州,50 千克行李运费,行李运价 0.491 元/千克。

50×0.491＝24.60(元)

②兰州—成都,50 千克三类包裹运费,三类包裹运价 1.507 元/千克。

50×1.507＝75.40(元)

合计:24.60＋75.40＝100.00(元)

应补运费:100.00－47.60＝52.40(元)

(3)杂费。

变更手续费:2×5.00＝10.00(元)

合计 52.40＋10.00＝62.40(元)

(4)填制客运运价杂费收据。

81. 国际联运计费

发送人从北京托运至平壤一批包裹,总重量为 1 000 千克。请问如何收费?

答:(1)该批包裹的运送路径为北京—丹东(中铁)/新义州(朝铁)—平壤。

(2)中国铁路北京—丹东国境线 1 120 千米,朝鲜铁路新义州国境线—平壤 227 千米。

(3)计算运费。

中国铁路(1 120 千米):2.76×(1 000/10)×1.77＝488.52(瑞士法郎)

朝鲜铁路(227 千米):0.84×(1 000/10)×1.24＝104.16(瑞士法郎)

合计:488.52＋104.16＝592.68(瑞士法郎)

82. 加挂自备行李车

邯郸钢铁厂邯钢企业自备车装运行李车一辆 XL3006，标记载重 17.7 吨，从邯郸站挂运 202×年 4 月 12 日 2453 次列车到宜昌站（经由郑州、洛阳东、宝丰），邯郸站应如何办理？（邯郸-宜昌里程 990 千米缺项自设）

答：《铁路客运运价规则》第二十九条规定，租用客车或企业自备客车在国家铁路的旅客列车或货物列车挂运时，按下列标准核收挂运费："……重车：……2. 行李车：按标记载重运费的 80％核收……"

$17.7 \times 1\,000 \times 0.51 = 9\,027.00$（元）

$9\,027.00 \times 80\% = 7\,221.60$（元）

邯郸站填制客运运价杂费收据（票例 2-3-19）。

丙

北京局集团公司

客运运价杂费收据

20 2× 年 4 月 12 日　　　　　（报告用）

原票据	种别	日期		月 日 时到达、通知、变更			
		号码					
		发站		月 日 时 交 付			
		到站		核收保管费			日

核　收　区　间	核 收 费 用			款　额
	种别	件数	重量	
自 ……邯郸…… 站	重车挂运费			7 221.60
至 ……宜昌…… 站				
经由（ 郑、洛、宝 ）				
席别 …… 人数 ……	合　　计			7 221.60

记事	XL3006，载重17.7吨，核收挂运费。

邯郸 ……站经办人 …… ×㊞…… 印

A035426

票例 2-3-19

83. 夹带证件

202×年3月14日,1名旅客持3月15日K42次列车包头—北京车票1张,到包头站行李房托运行李:编织袋1个,内装随身衣物和户口簿,10千克,声明价格100.00元;纸箱1个,内装旅行必需品,5千克,声明价格100.00元。包头站应怎样办理?(K42次列车:包头—北京 824千米,缺项自设)

答:(1)《国铁集团客规》第六十四条规定,行李中不得夹带的物品:"……5. 档案材料:指人事、技术档案,组织关系,户口簿或户籍关系,各种证件、证书、合同、契约等……"

包头站应要求旅客取出户口簿后接行李托运。

包头—北京 824千米,运到期限为3+1=4(日)。

(1)行李运费。

(5+10)×0.435=6.525≈6.50(元)

(2)保价费。

(100+100)×0.5%=1.00(元)

(3)杂费。

装车费:2×2.00=4.00(元)

标签使用服务费:2×0.50=1.00(元)

卸车费:2×2.00=4.00(元)

合计:6.50+1.00+4.00+1.00+4.00=16.5(元)

包头站填制行李票(票例2-3-20)。

84. 编制行包装车计划

202×年2月13日,××站根据行包运输方案去东北方向在北京站中转;去西北方向在郑州站中转;由上海站中转去南方;该站终到北京(1468次)、郑州(1568次)、上海(2337次)各有一趟列车,停站均为4分钟,如何编制该站三趟列车行包装车计划?(缺项条件自编)

答:(1)编制原则:每分钟按15件装车计划编制,如有超重件或卸车件数按章核减装车件数。

(2)编制每趟车行李、包裹装卸交接证(票例2-3-21~票例2-3-23)。

85. 填制票据整理报告

202×年1月16日,吐鲁番站行李房办理包裹6批,原票内容:

(1)吐鲁番发淮南票号,a001000,配件1件,12千克,声明价格100.00元,运费6.00元,保价费1.00元,装车费2.00元,合计9.00元。

(2)吐鲁番发阜阳,票号:a001001,配件3件,90千克,声明价格900.00元,运费59.90元,保价费9.00元,装车费6.00元,合计74.90元。

(3)吐鲁番发贵阳,票号:a001002,钻头1件,4千克,声明价格1 000.00元,运费12.30元,保价费10.00元,装车费2.00元,合计44.50元。

A000000

呼和浩特局集团公司

行 李 票

甲

（报告）

20 2 × 年 3 月 14 日

到 _____北京_____ 站　　　　　　经由 _____ 站

旅客乘坐　3　月　15　日　K42　次车到站北京　客票号

旅客姓名	李×			共　1　人电　话：×		
住　　址	×			邮政编码：×		

顺号	包装种类	件　数	实际重量	声明价格	运价里程		824	千米
					运到期限		4	日
1	编织袋	1	10	100.00	计重费量	规重	15	千克
2	纸箱	1	5	100.00		超重	0	千克
					运　费		6.50	元
					保价费		1.00	元
					杂项计		9.00	元
					合　计		16.50	元
					月　　日		次列车到达	
合　计		2	15	200.00	月　　日		交　付	

记事　杂项：装车费4.00元，卸车费4.00元，货签使用服务费1.00元。

　　　　_____包头_____　站行李员 _____　×印　　㊞

X0000000000000

行李票号码:A000000

票例 2-3-20

编号：

×∶×∶×

行李、包裹装卸交接证

202×年2月13日

自 _____ 车站、营业部、(次)列车					交第 1468 次车站、营业部、(次)列车		
交出方 (章)					车号 _____		
交接合计 批数 _____ 件数 _____ 重量 _____							
站行李员列车行李员							记事
发站	到站	行或包	票据号码	件数	重量		
×	北京	B	00021	5	170		
×	朝阳	B	00002	5	200		
×	沈阳	X	00022	3	60		
×	长春	B	00035	7	53		
×	大连	B	00025	6	36		
×	哈尔滨	B	00036	15	150		
×	大虎山	B	00037	4	80		
×	瓦房店	B	00040	5	150		
预报事项			合计	50	899		
以上件数业经收讫印 列车行李员或车站行李员							

票例 2-3-21

编号：

×∶×∶×

行李、包裹装卸交接证

202×年2月13日

自 _____ 车站、营业部、(次)列车					交第 1568 次车站、营业部、(次)列车		
交出方 (章)					车号 _____		
交接合计 批数 _____ 件数 _____ 重量 _____							
站行李员列车行李员							记事
发站	到站	行或包	票据号码	件数	重量		
×	郑州	B	00022	5	70		
×	邯郸	B	00003	5	100		
×	新乡	X	00025	3	80		
×	石家庄	B	00036	7	53		
×	天水	X	00024	6	36		
×	兰州	B	00038	15	150		
×	西安	X	00033	4	80		
×	宝鸡	B	00042	5	150		
预报事项			合计	50	719		
以上件数业经收讫印 列车行李员或车站行李员							

票例 2-3-22

行李、包裹装卸交接证

202×年2月13日

编号：

×：×：×

自 _____ 车站、营业部、(次)列车 交出方 (章)				交第 __2337__ 次车站、营业部、(次)列车 车号 _____			
交接合计	批数		件数		重量		
站行李员列车行李员							记事
发站	到站	行或包	票据号码	件数		重量	
×	上海	B	00029	5		170	
×	上海	B	00010	5		200	
×	杭州	X	00026	3		60	
×	金华西	B	00225	7		53	
×	厦门	X	00075	6		36	
×	南昌	B	00039	15		150	
×	福州	B	00221	4		80	
×	景德镇	B	00042	5		150	
预报事项			合计	50		899	
以上件数业经收讫印 列车行李员或车站行李员							

票例 2-3-23

（4）吐鲁番发成都，票号 a001003，电器配件1件，14千克，声明价格800.00元，运费34.50元，保价费8.00元，装车费2.00元，合计44.50元。

（5）吐鲁番发衡阳，票号 a001004，配件1件，19千克，声明价格1 000.00元，运费31.70元，保价费10.00元，装车费2.00元，合计43.70元。

（6）吐鲁番发衡阳，票号 a001005 作废票。

吐鲁番站如何填制票据整理报告？

答：包裹共7件，139千克，运费144.40元，保价费38.00元，装车费14.00元，合计196.40元，吐鲁番站填制票据整理报告（票例2-3-24）。

86. 一段行李，一段包裹 B

202×年5月22日，旅客李×持包头—兰州 K195 次列车（呼和浩特—成都）当日车票1张，票号：E014211，托运到宝鸡站行李1件，35千克，声明价格700.00元。请包头站计算运费和保价费。（包头—兰州 979 千米，兰州—宝鸡 503 千米，缺项自设）

答：因旅客持 K195 次列车包头—兰州车票1张，故包头—兰州，按行李托运；兰州—宝鸡，按包裹托运。全程运到期限5日，按行李核收保价费。

中国国家铁路集团有限公司
_____运输企业
_____车站

(包裹)票据整理报告

202×年1月16日(旬)吐鲁番站第01组

| 票据名称 | 票　号 | | | 张数 | 其中作废 | 货物实重 | 合计金额 | 其中:结算方式 | | | | | | | 附注 |
	符号	起号	止号					现金	支票	预付款	银行卡	汇总支付	网银款	其他	
包裹	A	001000	001005	6	1	139	196.40								
合　计				6	1	139	196.40								

进　款　项　目

顺号	项　目	金　额	顺号	项　目	金　额
1	区段票票价	/	9	整车货物运费	
2	代用票票价	/	10	零担货物运费	
3	行李运费	/	11	集装箱货物运费	
4	包裹运费	144.40	12	水运段运杂费	
5	其他杂费	/	13	其他杂费	
6	外国铁路行包运杂费	/	14	国际联运过境货物运杂费	
7	保价费	38.00	15	路内整车装卸搬运费	
8	装车费	14.00	16	路外整车装卸搬运费	
合　计		196.40	合　计		

站长_____

经办人_____

票例 2-3-24

(1)包头—兰州　979千米,核收35千克行李运费。

35×0.491＝17.20(元)

(2)兰州—宝鸡　503千米,核35千克三类包裹运费。

35×0.707＝24.70(元)

合计:17.20＋24.70＝41.90(元)

(3)保价费。

700.00×0.5‰＝3.50(元)

(4)杂费。

装车费:2.00元

卸车费:2.00元

标签费:0.50元

合计:41.90＋3.50＋2.00＋2.00＋0.50＝49.90元

包头站填制行李票(票例2-3-25)。

呼和浩特局集团公司

行 李 票

甲

（报告）

A000000

20 2 × 年 5 月 22 日

到 ....宝鸡........ 站　　　　　经由 .... 站

旅客乘坐　5　月　22　日　K195　次车到站兰州　客票号 E014211

| 旅客姓名 | 李× | | | | 共　1　人　电　话：× | | |
| 住　址 | × | | | | 邮政编码：× | | |

顺号	包装种类	件　数	实际重量	声明价格	运价里程	1 482 千米	
					运到期限	5	日
1	皮箱	1	35	700.00	计重费量	规重	35　千克
						超重	千克
					运　费	41.90	元
					保价费	3.50	元
					杂项计	4.50	元
					合　计	49.90	元
					月　　　日		次列车到达
合　计		1	35	700.00	月　　日	交	付

| 记 | 杂费：装车费2.00元，卸车费2.00元，标签费0.50元。兰州至宝鸡间按三类包裹计费。 |
| 事 | |

...........包头........... 站行李员　　　　×印　　⑪

X0000000000000

行李票号码:A000000

票例 2-3-25

87. 包裹破损，收货人要求赔偿

202×年8月14日，驻马店发镇江文具1件，23千克，票号：C0111，声明价格2 000.00元。次日，K151次次镇江站卸车时，发现包装破损批注列车，进库复磅短少3.5千克。经往来电报确认，驻马店站装车前破损，责任列驻马店站。8月16日收货人领取时提出赔偿，镇江站应如何办理？（缺项自设）

答： 包头站办理如下：

(1)编制赔偿要求书（票例2-3-26）。

赔偿金额：2 000÷23×3.5＝304(元)

赔偿要求书

第 ___ × ___ 号

提赔单位名称或姓名	张×		
发站（营业部）	驻马店	到站（营业部）	镇江
票　号	C0111	品　名	文具
损失数量	文具1件23千克，报价2 000.00元，破少3.5千克		
提赔款额	赔偿304元整	计算方法	
行包记录编制站		记录号码	0001
详细通信地址	镇江站行李房	电话	
		邮编	
开户银行名称及账号	收款人： 收款银行： 收款账号：		
附件名称		份　数	

提赔单位：_____（公章）
提赔人姓名及身份证号码 ___张×_____（名章）
委托人姓名及身份证号码 ___×_____（名章）

202×年8月16日提出

赔偿要求书收据

第 × 号

兹收到 ___张×___ 于 _202×_ 年 _8_ 月 _16_ 日提出的 ___驻马店___ 站（营业部）承运至 ___镇江___ 站（营业部）品名 ___文具___ ，票号 ___C0111___ ，发生 ___破少___ 行包损失的赔偿要求书一份。

附件：

___上海局集团___ 公司 ___镇江___ 车站（营业部）（章）
202×年 8 月 16 日

票例2-3-26

（2）编制货运记录（票例 2-3-27）。

行 包 记 录

NO： 0001

<table>
<tr><td colspan="8">一、承运概况：</td></tr>
<tr><td colspan="8">办理行包类别 <u>包裹</u> 票号 <u>C0111</u> 于 <u>202×</u> 年 <u>8</u> 月 <u>14</u> 日承运</td></tr>
<tr><td colspan="8">发站（营业部） <u>武汉局</u> 发局（公司） <u>驻马店</u> 托运人 <u>张×</u></td></tr>
<tr><td colspan="8">到站（营业部） <u>上海局</u> 到局（公司） <u>镇江</u> 收货人 <u>张×</u></td></tr>
<tr><td colspan="8">到达日期 <u>202×</u> 年 <u>8</u> 月 <u>15</u> 日，到达车次 <u>K151</u>，担当单位 _____</td></tr>
<tr><td colspan="8">封印：施封单位 _____ 施封号码 _____</td></tr>
</table>

二、损失情况：

项目	品名	件数	包装	重量		声明价格	托运人记载事项
				托运人	承运人		
票据原记载	文具	1	编织袋	23	23		保价 2 000元 破少3.5 千克
按照实际	文具	1	编织袋	19.5	19.5		
损失概况							

三、参加人签章：

车站（营业部）负责人 _____×_____ 编制人 _____×_____ 其他人员 _____×_____

收货人 _____张×_____

四、记录附件： _____×_____

五、交付行包时，托收货人意见： _____要求按章赔偿_____

<u>202×</u> 年 <u>8</u> 月 <u>15</u> 日编制 <u>上海局集团</u> 公司 <u>镇江</u> 车站（营业部）（章）

注：收货人或托运人应在收到本记录的次日起一年内提出赔偿要求。

票例 2-3-27

(3)编制行包事故赔款通知书(票例 2-3-28)。

行包损失赔偿通知书

第＿＿＿×＿＿＿号

主送＿＿张×＿＿＿＿＿＿＿＿＿：

关于 202×年 8 月 14 日由＿驻马店＿站（营业部）承运到＿镇江＿站（营业部）

托运人＿＿张×＿＿＿＿＿＿＿＿＿＿＿，收货人＿张×＿，

票号＿＿＿＿C0111＿＿＿＿号，品名＿文具＿，保价＿2 000.00＿元，发生

＿＿＿＿行包损失，赔偿要求人于 202×年 8 月 16 日要求铁路赔偿 304.00 元一案，于

＿＿＿年 8 月 16 日受理，经审定同意赔偿人民币＿叁佰零肆元整＿＿元（大

写）＿＿＿＿＿＿＿＿＿＿＿＿＿＿＿＿＿＿＿。

请将上述赔款汇至：

开户银行：＿＿×＿＿＿＿＿＿＿＿＿

银行账号：＿＿×＿＿＿＿＿＿＿＿＿

收 款 人：＿＿张×＿＿＿＿＿＿＿＿

收款人签字（盖章）：＿张×＿＿＿＿

抄送：＿上海局集团公司＿＿＿＿＿

＿＿＿上海局集团公司＿＿＿＿＿

＿＿＿驻马店站行李房＿＿＿＿＿

＿＿＿＿＿＿＿＿＿＿＿＿＿＿＿

＿＿＿＿＿＿＿＿＿＿＿＿＿＿＿

＿上海局集团＿公司＿镇江＿站（营业部）

202×年 8 月 20 日

票例 2-3-28

(4)编制行包事故定责通知书(票例2-3-29)。

行包损失定责通知书

第_____×_____号

___驻马店___站（营业部、公司）：

关于___镇江___站（营业部）_202×_年_8_月_15_日编_____×_____号行包记录，

由___驻马店___站（营业部）发到___镇江___站（营业部）的行包，票号第_C0111_

号，品名___文具___，根据_铁路行李包裹损失处理规则_规定，确定为_其他_

损失，损失等级_轻微损失_，由_____、_____、_____、_____负责。

依章列_____责任，占___%；

_____责任，占___%；

_____责任，占___%；

......

定责依据：

_____

_____

_____

_____

_____

_____

_____

___上海局集团___公司___镇江___站（营业部）

_202×_年_8_月_20_日

抄送：___上海局集团公司___

___上海局集团公司___

___驻马店站行李房___

票例2-3-29

88. 领取无票货物

202×年5月3日,K195次列车到临河站,列车行李员交客运记录一份,称包头站装车未办托运手续的无票配件1件,当日,旅客前来领取。临河站应如何办理?(缺项自设)

答:临河站会同旅客确认品名配件,称重为20千克。

(1)加倍补收包头—临河 218千米,20千克四类包裹运费。

20×0.412×2=16.50(元)

(2)杂费。

装车费:2.00元

卸车费:2.00元

合计:16.50+2.00+2.00=20.50(元)

临河站填制客运运价杂费收据(票例2-3-30)收取费用。

丙

呼和浩特局集团公司

客运运价杂费收据

20 2× 年 5 月 3 日　　　(报告用)

原票据	种别		日期		月 日 时到达、通知、变更			
			号码		月 日 时 交 付			
			发站					
			到站		核收保管费			日
核 收 区 间					核 收 费 用			款 额
					种别	件数	重量	
自 _____ 包头 _____ 站					四类包裹加倍运费	1	20	16.50
至 _____ 临河 _____ 站					卸车费	1	20	2.00
经由(_____)					保管费	1	20	2.00
席别 _____ 人数 _____					合 计			20.50
记事	K195次列车编01号客运记录交无票运输配件1件。							

_____ 临河 _____ 站经办人 _____ ×印 _____ 印

A035000

票例 2-3-30

89. 托运自行车

202×年6月3日,旅客张×持202×年6月5日包头—沈阳北T304次列车车票1张,在包头站行李房托运到沈阳北站1辆旧美利达自行车。自行车脚蹬破损,13千克,声明价格2 000.00元,包头站应如何办理?(包头—沈阳北 1 563千米,缺项自设)

答:《铁路客运运价规则》第二十条规定:行李、包裹均按物品重量计算运价,但有规定计价重量的物品按规定重量计价。自行车按指定重量25千克计费。

《国铁集团客规》第六十三条规定,行李是旅客凭车票托运的一定限度的旅行必需品。自行车只能按照包裹托运。

(1)包头—沈阳北 1 563千米,自行车按三类包裹托运,三类包裹运价为1.898元/千克。

25×1.898=47.50(元)

(2)保价费。

2 000.00×1‰=20.00(元)

(3)杂费。

装车费:2.00元

卸车费:2.00元

标签费:0.50元

费用合计:47.50+20.00+2.00+0.50=70.00(元)

包头站填制包裹票(票例2-3-31)。

90. 保管费收取

202×年6月12日,张×从通辽站托运行李2件,50千克,纸箱包装,票号:E76543,18日到达包头站。当日包头站电话通知旅客提取货物,21日旅客货主提取货物。包头站计算交付时需核收的费用?(通辽—包头 1 458千米)

答:《国铁集团客规》第七十四条规定,行李的运到期限以运价里程计算。从承运日起,行李600千米以内为3日,超过600千米时,每增加600千米增加1日,不足600千米也按1日计算。由于不可抗力等非铁路运输企业责任发生的停留时间加算在运到期限内。

通辽—包头 1 458千米,该批行李的运到期限为3+2=5(日)。

通辽站6月12日承运,18日到达包头站,共7日,包裹逾期2日到达。

保管费:6月18日包头站通知,21日领取,存放4日,根据逾期到达行李、包裹免费保管10天的规定,该批包裹不收取保管费。

91. 托运摩托车

202×年8月1日,张×在包头站行李房托运到兰州旧五羊125摩托车1件,100千克,保价300.00元,右侧反光镜破损。包头站应如何制票?(运输调度命令:客调518号命令,包头—兰州 979千米,缺项自设)

呼和浩特局集团公司

包 裹 票

20 2× 年 6 月 3 日

到 ___沈阳北___ 站　　　　　　　　　　经由 _____ 站

A000000

托运人	单位姓名：张 ×	电 话：×
	详细地址：×	邮政编码：×
收货人	单位姓名：×	电 话：×
	详细地址：×	邮政编码：×

顺号	品名	包装种类	件 数	实际重量	声明价格		
						运价里程	1 563 千米
						运到期限	6　　　天
1	自行车	无	1	13	2 000.00	计费重量	25　　 千克
						运　费	47.50 元
						保价费	20.00 元
						杂项计	2.50 元
						合　计	70.00 元
						月　　　日	次列车到达
						月　　　日	时 通 知
合　计			1	13	1 000.00	月　　　日	交　付

运送情况	月　　日 次列车装运	月　　日到达　　站
	月　　日 次列车装运	月　　日到达　　站
	月　　日 次列车装运	月　　日到达　　站

记事　杂项：装车费2.00元，标签费0.50元。
　　　"旧美利达自行车脚蹬破损"。

___包头___ 站行李员 ___×印___ ㊞

包裹票号码：A000000

票例 2-3-31

答:《铁路客运运价规则》第二十条规定,行李、包裹均按物品重量计算运价,但有规定计价重量的物品按规定重量计价。两轮重型摩托车(汽缸容量超过 50 立方厘米时)每辆按汽缸容量每立方厘米折合 1 千克计算。

第二十四条规定,按保价运输的行李、包裹核收保价费。行李保价费按声明价格的 0.5%、包裹保价费按声明价格的 1% 计算。

第三十三条规定,客运杂费的收费项目和收费标准由国务院铁路主管部门制定……超过每件规定重量的,按其超重倍数增收装卸费。

125 摩托车计价重量 125 千克,超重倍数为 3,按照四类包裹计算运费,四类包裹运价为 1.685 元/千克。

(1)运费。

$125 \times 1.685 = 210.625 \approx 210.60$(元)(2 分)

(2)保价费。

$300 \times 1\% = 3.00$(元)

(3)杂费。

装车费:$3 \times 2.00 = 6.00$(元)

卸车费:$3 \times 2.00 = 6.00$(元)

标签费:$1 \times 0.50 = 0.50$(元)

合计:$210.60 + 3.00 + 6.00 + 6.00 + 0.50 = 226.10$(元)

包头站填制包裹票(票例 2-3-32)。

92. 填制票据整理报告

202×年 12 月 4 日,兰州站行李房办理包裹 12 批,原票内容:

(1)兰州发包头,票号:B001001,配件 1 件,12 千克,声明价格 200.00 元,运费 6.00 元,保价费 2.00 元,装车费 2.00 元,合计 10.00 元。

(2)兰州发呼和浩特东,票号:B001002,配件 3 件,90 千克,声明价格 1 900.00 元,运费 59.90 元,保价费 19.00 元,装车费 6.00 元,合计 84.9 元。

(3)兰州发贵阳,票号:B001003,钻头 1 件,4 千克,声明价格 1 000.00 元,运费 12.30 元,保价费 10.00 元,装车费 2.00 元,合计 37.50 元。

(4)兰州发成都,票号 B001004,电器配件 2 件,14 千克,声明价格 100.00 元,运费 34.50 元,保价费 1.00 元,装车费 4.00 元,合计 44.50 元。

(5)兰州发衡阳,票号 B001005,配件 2 件,19 千克,声明价格 0 元,运费 31.70 元,保价费 0 元,装车费 4.00 元,合计 33.70 元。

(6)兰州发衡阳,票号 B001006 作废票。兰州站如何填制票据整理报告?(财收-4)。

答:包裹 9 件,139 千克,运费 144.40 元,保价费 32.00 元,装车费 18.00 元,合计 194.40 元,兰州站填制票据整理报告(票例 2-3-33)。

呼和浩特局集团公司

包　裹　票

20 2× 年 8 月 1 日

到　　兰州　　站　　　　　　　经由　　×　×　　站

托运人	单位姓名：张×					电　话：×		
	详细地址：×					邮政编码：×		
收货人	单位姓名：张×					电　话：×		
	详细地址：×					邮政编码：×		

顺号	品名	包装种类	件 数	实际重量	声明价格	运价里程	979	千米
						运到期限	5	天
	摩托车	无	1	100	300.00	计费重量	125	千克
						运　费	210.60	元
						保价费	3.00	元
						杂项计	12.50	元
						合　计	226.10	元
						月　　日		次列车到达
						月　　日		时 通 知
合　　计			1	100	300.00	月　　日		交　付

运送情况	月　　日	次列车装运	月　　日到达　　站
	月　　日	次列车装运	月　　日到达　　站
	月　　日	次列车装运	月　　日到达　　站

记事	202×年8月1日经客调命令518号批准，旧五羊摩托车1辆，右侧反光镜破损。

包头　　站行李 员　　　　×印　　　㊞

包裹票号码：A000000

A000000

票例 2-3-32

中国国家铁路集团有限公司

_____运输企业

_____车站

(包裹) 票据整理报告

财收—4

202×年 12 月 4 日(旬) 兰州站第 01 组

| 票据名称 | 票 号 | | | 张数 | 其中作废 | 货物实重 | 合计金额 | 其中: 结算方式 | | | | | | | 附注 |
	符号	起号	止号					现金	支票	预付款	银行卡	汇总支付	网银款	其他	
包裹	B	001000	001005	6	1	139	194.40								
合　计				6	1	139	194.40								

进 款 项 目

顺号	项 目	金 额	顺号	项 目	金 额
1	区段票票价	/	9	整车货物运费	
2	代用票票价	/	10	零担货物运费	
3	行李运费	/	11	集装箱货物运费	
4	包裹运费	144.40	12	水运段运杂费	
5	其他杂费	/	13	其他杂费	
6	外国铁路行包运杂费	/	14	国际联运过境货物运杂费	
7	保价费	32.00	15	路内整车装卸搬运费	
8	装车费	18.00	16	路外整车装卸搬运费	
合　计		194.40	合　计		

站长_____ 经办人_____

票例 2-3-33

93. 货物破损,旅客要求赔偿

202×年 2 月 14 日,北京发包头文具 1 件,23 千克,票号 C86534,未保价。次日,K263 次列车包头站卸车时发现,包装破损批注列车,进库复磅短少 3.5 千克。经往来电报确认,北京站装车前破损。2 月 16 日收货人领取时提出赔偿,包头站应如何办理?(缺项自设)

答:包头站办理如下:

(1)编制赔偿要求书(票例 2-3-34)。

赔偿金额:15×3.5=52.50 元

赔偿要求书

第 ___×___ 号

提赔单位名称或姓名	张×		
发站（营业部）	北京	到站（营业部）	包头
票 号	C86534	品 名	文具
损失数量	文具1件23千克，破少3.5千克		
提赔款额	赔偿52.50元整	计算方法	
行包记录编制站		记录号码	0001
详细通信地址	包头站行李房	电话	
		邮编	
开户银行名称及账号	收款人： 收款银行： 收款账号：		
附件名称		份 数	

提赔单位：_____（公章）
提赔人姓名及身份证号码 __张×_____（名章）
委托人姓名及身份证号码 __×_____（名章）

202×年 8 月 16 日提出

- -

赔偿要求书收据

第 × 号

　　兹收到 __张×__ 于 202×年 8 月 16 日提出的 __北京__ 站（营业部）承运至 __包头__ 站（营业部）品名 _文具_ ，票号 _C86534_ ，发生 _破少_
行包损失的赔偿要求书一份。

附件：

呼和浩特局集团 公司 包头 车站（营业部）（章）
202×年 8 月 16 日

票例 2-3-34

（2）编制行包事故赔款通知书（票例2-3-35）。

行包损失赔偿通知书

第＿＿＿×＿＿＿号

主送＿＿张×＿＿＿＿＿＿＿＿：

关于202×年2月14日由＿＿北京＿＿站（营业部）承运到＿＿包头＿＿站（营业部）

托运人＿＿＿张×＿＿＿＿＿＿＿＿＿＿＿＿＿＿＿，收货人＿＿张×＿＿，

票号＿＿＿＿＿C86534＿＿＿＿＿号，品名＿文具＿，保价＿＿＿＿＿＿元，发生

行包损失，赔偿要求人于202×年8月16日要求铁路赔偿＿＿52.50＿＿元一案，于

＿＿＿＿年8月16日受理，经审定同意赔偿人民币＿＿伍拾贰元伍角＿＿元（大

写）＿＿＿＿＿＿＿＿＿＿＿＿＿＿＿＿＿＿＿＿＿。

请将上述赔款汇至：

开户银行：＿＿×＿＿＿＿＿＿＿＿＿＿＿＿＿＿＿

银行账号：＿＿×＿＿＿＿＿＿＿＿＿＿＿＿＿＿＿

收 款 人：＿张×＿＿＿＿＿＿＿＿＿＿＿＿＿＿

收款人签字（盖章）：＿＿张×＿＿＿＿＿

抄送：＿＿呼和浩特局集团公司保价办＿＿

＿＿北京局集团公司保价办＿＿＿

＿＿北京站行李房＿＿＿＿＿＿

＿＿＿＿＿＿＿＿＿＿＿＿

＿＿＿＿＿＿＿＿＿＿＿＿

呼和浩特局集团公司＿包头＿站（营业部）

202×年2月20日

票例2-3-35

94. 无法交付物品

根据下列内容,对包头站202×年9月份到期无法交付物品进行处理,要求公告、拍发电报、编制无法交付物品处理报告、填写无法交付物品处理清单、变卖剩余款开客运运价杂费收据上交。202×年1月15日,洛阳发a001,1件仪表;1月10日,合肥发b002,1件报纸;1月10日,无锡发c003,1件报纸;1月14日,襄樊发d004,2件配件;1月10日,长沙发e005,3件配件。

答:《国铁集团客规》第八十七条规定,对无法交付的行李,铁路运输企业应登记造册,妥善保管。国家法律、行政法规规定不能买卖的物品应及时交有关部门处理。

第八十八条规定,行李从运到日起,90日以内仍无人领取时,铁路运输企业应进行公布。公布90日以后仍无人领取时,铁路运输企业可以变卖。

(1)包头站拍发铁路电报(票例2-3-36)声明。

(2)包头站发布车站公告(票例2-3-37)。

(3)包头站编制无法交付物品处理报告(票例2-3-38)。

(4)包头站填制无法交付物品处理清单(票例2-3-39)。

铁 路 传 真 电 报

签 发:		核 稿:			拟稿人:		
					电 话:		

发报所名	电报号码	等级	受理日	时 分	收到日	时 分	值机员
	×					17:50	

主送单位: 洛阳、合肥、无锡、襄樊、长沙站行李房

抄送单位:

报 文:

202×年1月15日,洛阳发a001,1件仪表;1月10日,合肥发b002,1件报纸;1月10日,无锡发c003,1件报纸;1月14日,襄樊发d004,2件配件;1月10日,长沙发e005,3件配件。以上包裹至今无人领取,请速通知发货人转告收货人领取,我站已按章公告,逾期不领,我站将按章处理。

包头站行李员×㊞

202×年4月30日

第1页

票例 2-3-36

公　告

到达日期	发站	票号	件数	重量	品名	发货人	收货人
1 月 17 日	洛阳	a001	1	2	仪表	×	×
1 月 12 日	合肥	b002	1	6	报纸	×	×
1 月 11 日	无锡	c003	1	5	报纸	×	×
1 月 16 日	襄樊	d004	2	58	配件	×	×
1 月 13 日	长沙	e005	3	78	配件	×	×

新乡站行李房
202×年4月30日

票例 2-3-37

包头站行李房无法交付物品处理报告

呼和浩特局集团公司客运部:

　　我站202×年4月份,共有无法交付物品5批8件,已按规定通知和对外公告,至今未有人领取。根据《中国国家铁路集团有限公司铁路旅客运输规程》规定,经收购部门估价,特请批准按章处理。

　　附:物品清单1份

　　特此报告

包头站行李房
202×年8月30日

车站审批意见:　　　　　　　　　　　　　　　　　　　　　铁路局集团公司审批意见:

票例 2-3-38

包头站202×年9月行包无法交付物品处理清单

下列物品上报铁路局集团公司批复处理,5批8件202×年9月1日车站签章(印)

编号	承运时间 年	月	日	发站	票号	品名	件数	重量	到达时间 年	月	日	发货人	收货人	处理价格	备注
1	22	1	13	洛阳	A001	仪表	1	2	22	1	17	×	×	100	
2	22	1	9	合肥	B002	报纸	1	6	22	1	12	×	×	6	
3	22	1	8	无锡	C003	报纸	1	5	22	1	11	×	×	5	
4	22	1	12	襄樊	D004	配件	2	58	22	1	16	×	×	160	
5	22	1	9	长沙	E005	配件	3	78	22	1	13	×	×	240	
合　计														511	

票例 2-3-39

95. 托运包裹

202×年 2 月 3 日,王×在集宁南站行李房托运到乌海西站药品 1 件,2 千克,纸箱包装,保价 1 000.00 元。集宁南站应如何办理?(集宁南—乌海西　710 千米,缺项自设)

答:行李包裹运价的计算重量以 5 千克为单位,不足 5 千克按 5 千克计算,该批药品按 5 千克计算运费。

(1)运费。

$5 \times 0.956 = 4.80$(元)

(2)杂费。

保价费:$1 000.00 \times 1\% = 10.00$(元)

装车费:2.00 元

卸车费:2.00 元

标签费:0.50 元

合计:$4.80 + 10.00 + 2.00 + 2.00 + 0.50 = 19.30$(元)

集宁南站填制包裹票(票例 2-3-40)收取费用。

96. 逾期包裹

202×年 6 月 8 日,旅客张×在集宁南站托到二连站行李 10 件 450 千克,票号:C30124,13 日,该批货物到达二连站,当日通知,收货人当日领取。二连站应如何办理?

答:《国铁集团客规》第七十四条规定,行李的运到期限以运价里程计算。从承运日起,行李 600 千米以内为 3 日,超过 600 千米时,每增加 600 千米增加 1 日,不足 600 千米也按 1 日计算。

查《铁路客运运价里程表》,集宁南—二连　333 千米,该批行李运到期限为 3 日。

该批货物 6 月 8 日承运,6 月 13 日到达二连站,运行 6 日,逾期 3 日。

违约金:$81.50 \times 30\% = 24.50$(元)

填制退款证明书(票例 2-3-41)退还逾期违约金。

97. 托运残疾人用车

202×年 6 月 14 日,旅客张×持 6 月 15 日 K195 次包头—银川车票 1 张,到包头站行李房托运到银川站皮箱 2 件,90 千克,内装随身衣物和旅行必需品;残疾人车 1 辆,50 千克,所有物品都不保价。包头站应如何制票?(缺项自设。)

答:

《国铁集团客规》第七十四条规定,行李的运到期限以运价里程计算。从承运日起,行李 600 千米以内为 3 日,超过 600 千米时,每增加 600 千米增加 1 日,不足 600 千米也按 1 日计算。

第六十六条规定,旅客凭有效车票和有效身份证件可在乘车区间行李办理站间托运一次行李,办理时需出示车票报销凭证。每张车票允许托运行李的重量为 50 千克(行李中有轮椅为 75 千克),超出部分按 2 倍的行李运费计费。

呼和浩特局集团公司

包 裹 票

20 2× 年 6 月 3 日

到 ....乌海西.... 站　　　　　经由 .... 站

托运人	单位姓名：王 ×				电 话：×		
	详细地址：×				邮政编码：×		
收货人	单位姓名：王 ×				电 话：×		
	详细地址：×				邮政编码：×		

顺号	品名	包装种类	件 数	实际重量	声明价格		
						运价里程	710 千米
						运到期限	4 天
1	药品	纸箱	1	2	1 000.00	计费重量	5 千克
						运 费	4.80 元
						保价费	10.00 元
						杂项计	4.50 元
						合 计	19.30 元
						月　日	次列车到达
						月　日	时 通 知
合 计			1	3	1 000.00	月　日	交 付

运送情况	月　日 次列车装运	月　日到达　站
	月　日 次列车装运	月　日到达　站
	月　日 次列车装运	月　日到达　站

记
事

　　　集宁南　　　站行李员 ....× 印.................　(印)

包裹票号码：A000000

票例 2-3-40

A000000

中国国家铁路集团有限公司　　　　　　　　　　　　　财收—16

_____运输企业　　　　　**车站退款证明书**

_____车站

填发日期 202×年 6 月 13 日　　　　　　　　　　　编号 _____

票据种类	票据号码	填发日期	发　站	到　站	车种车号	单位	名 称 及 地 址	张×	
包裹票	C30124	207×年6月8日	集宁南	二连			开户银行及账号		甲联：车站存查
原记载	品　名	品名代码	实　重	计　重	运价号	票价运价	运　费	建设基金	
	行李		450	450		行李	81.50		
订　正									
应　退								24.50	
原记载								合　计	
订　正									
应　退									

记事：逾期3天，应支付运费81.50元的30%违约金：24.50元。	退款金额（大写）　　　　　　　　　贰拾肆元伍角整
	现金 上项退款已于 6 月13日以　　　如数退讫。 支票 丙联已随 6 月13日（旬）财收—8 报运输企业。

填发人 _____　　　　　　　　付款人 _____　　　　　　　审批人 _____

票例 2-3-41

《铁路客运运价规则》第二十条规定，行李、包裹均按物品重量计算运价，但有规定计价重量的物品按规定重量计价。残疾人用车规定计价重量为 25 千克。

查《铁路客运运价里程表》，K195 次列车，包头—银川　511 千米，该批行李运到期限为3 日。

（1）运费。

（50＋25）×0.278＋（90－50）×0.278×2＝43.20（元）

（2）杂费。

装车费：3×2.00＝6.00（元）

标签费：3×0.50＝1.50（元）

合计：43.20＋6.00＋1.50＝50.70（元）

包头站填制行李票（票例 2-3-42）。

98. 旅客停止旅行，行李运至原到站 B

202×年 6 月 2 日，旅客张×持包头—成都 K195 次车票 1 张，在包头站托运到成都站行李 2 件，50 千克，票号：C3211。3 日，张×因病在兰州站停止旅行，要求将行李运至原到站。兰州站应如何办理？（包头—成都　2 141 千米，兰州—成都　1 167 千米，包头—兰州979 千米）

呼和浩特局集团公司

甲

行 李 票

（报告）

A000000

20 2 × 年 5 月 14 日

到 ....银川........... 站　　　　　经由 .... 站

旅客乘坐　6 月 15 日　K42　次车到站北京　客票号 E078541

旅客姓名	张×		共　1　人电　话：×		
住　　址	×		邮政编码：×		

顺号	包装种类	件 数	实际重量	声明价格	运价里程		511	千米
					运到期限		3	日
1	皮箱	2	90		计重费量	规重	115	千克
2	残疾人车	1	50			超重	40	千克
					运　费		43.20	元
					保价费			元
					杂项计		7.50	元
					合　计		50.70	元
					月	日	次列车到达	
合　　计		3	110		月	日	交　　付	

记事	杂项小计：装车费6.00元，标签费1.50元。

............包头............　站行李员 ....×印............ ㊞

X0000000000000

行李票号码:A000000

票例 2-3-42

答:(1)已收包头—成都 2 141 千米 50 克行李运费,行李运价 0.951 元/千克。

$50×0.951=47.60$(元)

(2)应收运费。

①包头—兰州 979 千米,50 千克行李计费,行李运价为 0.491 元/千克。

$50×0.491=24.60$(元)

②兰州—成都 1 167 千米,50 千克三类包裹计费,包裹运价为 1.507 元/千克。

$50×1.507=75.40$

合计:$24.60+75.40=100.00$(元)

应补运费:$100.00-47.60=52.40$(元)

(3)杂费。

变更手续费:$2×5.00=10.00$(元)

合计:$52.40+10.00=62.40$(元)

兰州站填制客运运价杂费收据(票例 2-3-43)补收费用。

丙

兰州局集团公司

客运运价杂费收据

20 2× 年 6 月 3 日　　　　　　　（报告用）

原票据	种 别	日期	202×年6月3日	月 日 时到达、通知、变更		
	行李票	号码	C3211	月 日 时 交 付		
		发站	包头			
		到站	成都	核收保管费		日
				核 收 费 用		款 额
核 收 区 间				种别	件数	重量	
自 兰州 站				行包运费差	2	50	52.40
至 成都 站				变更手续费			10.00
经由（ ）							
席别 人数				合 计			62.40
记事	旅客在兰州停止旅行,要求行李运至到站。						

兰州 站经办人 ×印 印

A035426

99. 夹带危险品

202×年5月18日,包头站发兰州站配件 S56007 号 2 件,100 千克,保价 800.00 元,木箱包装,装当日 K195 次列车。19 日,列车行李员发现该货有汽油味,疑为内有汽油,编制 012 号客运记录卸至银川站,经查,其中 1 件,50 千克,内有 5 千克汽油,请问站银川应如何处理?(托运人 5 月 25 日到银川站处理)

答:危险品伪报品名托运时,在中途站停止运送,发电报通知发站转告托运人前来领取,运费不退,并对品名不符货件按实际运送区间补收四类包裹运费。

(1)包头站将该批包裹扣留,将危险品交银川车站铁路派出所,拍发铁路电报通知包头站,转告托运人前来处理。

(2)已收运费不退,补收包头—银川 511 千米(查《铁路客运运价里程表》获得)1 件 50 千克四类包裹运费。

0.967×50 千克=48.40(元)

(3)杂费。

保管费:5 月 19 日卸我站,25 日交付,我站包管 6 日。

2×3.00×6=36.00(元)

卸车费:2×2.00=4.00(元)

合计:48.40+36.00+4.00=88.40(元)

包头站拍发铁路电报(票例 2-3-44)。

100. 托运保价行李

202×年5月10日,旅客王×持包头—北京 K42 次当日客票 1 张(客票号:F53021),托运行李到北京站:其中手提包 1 件,20 千克,保价 200.00 元;编织袋 1 件,36 千克,保价 300.00 元;残疾人车 1 辆,40 千克,保价 500.00 元。包头站计算运到期限和运费、保价费?(包头—北京 824 千米)

答:(1)《国铁集团客规》第七十四条规定,行李的运到期限以运价里程计算。从承运日起,行李 600 千米以内为 3 日,超过 600 千米时,每增加 600 千米增加 1 日,不足 600 千米也按 1 日计算。

包头—北京 824 千米,该批行李运到期限为 3+1=4(日)。

(2)《国铁集团客规》第六十六条规定,旅客凭有效车票和有效身份证件可在乘车区间行李办理站间托运一次行李,办理时需出示车票报销凭证。每张车票允许托运行李的重量为 50 千克(行李中有轮椅为 75 千克),超出部分按 2 倍的行李运费计费。

《铁路客运运价规则》第二十条规定,行李、包裹均按物品重量计算运价,但有规定计价重量的物品按规定重量计价。残疾人用车规定计价重量为 25 千克。

该批行李总重量为 20+36+25=81(千克),超重 81-75=6(千克)。

75 千克行李的运费:75×0.435=32.60(元)

铁路传真电报

签　发：　　　　　　　核　稿：　　　　　　　拟稿人：

电　话：

发报所名	电报号码	等级	受理日	时　分	收到日	时　分	值机员
	×						

主送单位：　包头站行李房

抄送单位：　兰州站行李房，呼和浩特、兰州局集团公司客运部

报　　文：

　　202×年5月19日，K195次列车编012号记录，将5月18日包头发兰州配件S56007号2件，100千克，保价800.00元，木箱包装，交我站。经查，其中1件，50千克，木箱包装，内有5千克汽油，我站已将该批货物扣留，请转告托运人前来处理。

银川站行李员×㊞

202×年5月19日

第1页

票例 2-3-44

6千克行李的运费：6×0.435×2＝5.20(元)

合计：32.60＋5.20＝37.80(元)

(3)保价费：(200＋300＋500)×0.5‰＝5.00(元)